ŒUVRES

BALISES

Collection dirigée

Thérèse Desqueyroux

Mauriac

Marceline Jacob-Champeau
Agrégée de Lettres modernes

Sommaire

£4.40

La vie de Mauriac

LES PROVINCIALES
(1885-1907)

François Mauriac naît le 11 octobre 1885 à Bordeaux, de Claire et Jean-Paul Mauriac. En lui se rejoignent deux traditions : la tradition rurale et libre–penseuse du côté paternel, la tradition citadine et bigote du côté maternel. D'un côté, les propriétaires terriens, de l'autre, les négociants. Deux ans plus tard, Mauriac, petit dernier d'une nombreuse famille, perd son père. L'enfant va à l'école chez les pères Marianistes et s'épanouit ensuite au collège de grand Lebrun, sous l'influence de son ami André Lacaze. Il redouble sa dernière année, à la suite d'une pleurésie et passe son baccalauréat de philosophie en 1904.

En 1905 paraît le premier texte de Mauriac dans *La Vie Fraternelle*, organe du Sillon de Bordeaux. L'année suivante il passe sa licence de lettres et découvre avec passion Claudel, Rimbaud et Jammes.

LES ANNÉES D'APPRENTISSAGE
(1907-1921)

Mauriac, sous le prétexte plus ou moins fallacieux de préparer l'École des Chartes, part en septembre 1907 à Paris et s'installe dans la maison des Maristes, rue de Vaugirard. Deux ans plus tard, il collabore à la *Revue du Temps présent* et publie son premier ouvrage, un recueil de poèmes qu'il intitule *Les Mains jointes*. Un article flatteur de Barrès dans *L'Écho de Paris* le propulse sur le devant de la scène. Dans le même temps, Mauriac rencontre Jeanne Lafon, qu'il épousera en 1913, et dont il aura quatre enfants. Après *L'Enfant chargé de chaînes*, Mauriac publie en 1914 son deuxième roman, *La Robe prétexte*. Réformé, il s'engage néanmoins dans les brancardiers et part à Salonique de décembre 1916 à mars 1917. L'après-guerre coïncide avec une carrière journalistique féconde, tout d'abord dans la *Revue hebdomadaire* puis au *Figaro*, dont il deviendra l'un des chroniqueurs les plus fidèles ; mais il se consacre avant tout à son œuvre. En 1920 paraît *La Chair et le sang*, dernier coup d'essai avant un coup de maître.

LA MOISSON
(1922-1935)

La parution en 1922 du *Baiser au lépreux* consacre la célébrité de Mauriac qui atteint désormais le grand public. L'année suivante, c'est *Le Fleuve de feu* et *Génitrix* ; en 1925 *Le Désert de l'amour* remporte le grand prix de l'Académie française. En 1927, Mauriac publie son roman le plus célèbre, *Thérèse Desqueyroux*, auquel il donnera un pendant en 1935 avec *La Fin de la nuit*. Entre-temps, le personnage de Thérèse hantera plusieurs récits, dont *Ce qui était perdu*. Une crise affective et religieuse conduit Mauriac à publier consécutivement *Dieu et Mammon* (1929), *Souffrances et Bonheur du Chrétien* (1931). Le romancier comblé s'interroge sur la duplicité qui le conduit à se nourrir du spectacle du mal.

Deux nouveaux chefs-d'œuvre paraissent dans les années trente : *Le Nœud de Vipères* (1932) et *Le Mystère Frontenac* (1933) dont l'accueil est également dithyrambique. Atteint en 1932 d'un cancer des cordes vocales, Mauriac devient un candidat idéal pour l'Académie française... Il y est élu en 1933...

L'ENGAGEMENT
(1936-1962)

Collaborateur depuis 1934 à *Sept*, journal démocrate chrétien, Mauriac dénonce la montée des fascismes et les massacres perpétrés par les phalangistes en Espagne. Ainsi amorce-t-il un tournant vers la gauche, s'éloignant toujours plus de la famille Maurrassienne à laquelle s'était joint son frère Pierre. Pendant la guerre, Mauriac n'aura de cesse de dénoncer l'occupant et d'inciter à la Résistance. Si l'on excepte *La Pharisienne*, son œuvre est essentiellement militante : collaboration aux *Lettres Françaises*, mais surtout *Cahier noir*, signé du pseudonyme de Forez. Mauriac est alors en butte aux insultes de *Je suis partout* mais, à la Libération, il prône la clémence et tente, en vain, de sauver la tête de Brasillach.

Très vite, Mauriac se détourne de l'activité politique, préférant se consacrer à l'évocation de Proust (*Du côté de chez Proust*) ou ressusciter les fantômes de son pays natal (*Le Sagouin*) ; mais la célébrité le rejoint toujours et en 1952, il se voit attribuer le Prix Nobel.

Dans la même année pourtant, les soulèvements du Maroc préoccupent le chrétien et l'humaniste. Il préside l'association France-Maghreb, et collabore à *L'Express* où il dénonce systématiquement la torture, avant de se rallier à l'idée de l'indépendance algérienne.

LE CRÉPUSCULE
(1963-1970)

Les dernières années sont placées sous le signe de la sérénité ; le polémiste poursuit inlassablement son *Bloc-notes* ; l'autobiographe fait paraître les *Nouveaux Mémoires intérieurs*, en 1965, et le romancier met un point d'orgue à son œuvre avec *Un adolescent d'autrefois* en 1969. Mauriac s'éteint doucement le 1er septembre 1970 et sera célébré, contrairement à ses consignes de discrétion, par un hommage national, avant d'être enterré à Vémars.

VIE ET ŒUVRE DE MAURIAC	ÉVÉNEMENTS POLITIQUES, SOCIAUX, CULTURELS
1885 Naissance de Mauriac à Bordeaux, le 11 octobre.	**1885 → 1889** Le Boulangisme. Maupassant, *Bel-Ami*.
1887 Mort du père de Mauriac.	
	1888 Barrès, *Le Culte du moi*.
1892 Entrée au collège des Marianistes.	
	1893 Scandale de Panama.
1897 Collège de grand Lebrun.	
	1898 Zola, *J'accuse*.
	1904 Séparation de l'Église et de l'État.
1906 Licence ès Lettres. Adhère au Sillon de Marc Sangnier.	
1907 Départ pour Paris. Prépare l'École des Chartes.	**1907** Claudel, *Connaissance de l'Est*. Picasso, *Les Demoiselles d'Avignon*. Naissance de la N.R.F.
1909 Recueil de poèmes, *Les Mains jointes*.	**1909** Marinetti, *Manifeste du Futurisme*.
1913 *L'Enfant chargé de chaînes*. Mariage avec Jeanne Lafon.	**1913** Alain Fournier, *Le grand Meaulnes*. Proust, *Du côté de chez Swann*.
1914 Naissance de Claude, son premier fils, en avril.	**1914** Déclaration de guerre à l'Allemagne, en août.
1916 → 1917 Part en Orient, dans le cadre de l'aide humanitaire.	**1916** Barbusse, *Le Feu*.
	1917 Valéry, *La Jeune Parque*.
	1918 Armistice.
1920 *La Chair et le Sang*.	
1922 *Le Baiser au lépreux*.	**1922** Martin du Gard, *Les Thibault*.
1923 *Génitrix*.	
	1924 Le Cartel des gauches.

VIE ET ŒUVRE DE MAURIAC	ÉVÉNEMENTS POLITIQUES, SOCIAUX, CULTURELS
1927 *Thérèse Desqueyroux.*	**1927** Green, *Adrienne Mesurat.*
1932 *Le Nœud de vipères.* Mauriac est atteint d'un cancer des cordes vocales.	**1932** Céline, *Voyage au bout de la nuit.*
1933 *Le Mystère Frontenac.* Mauriac est élu à l'Académie Française.	**1936** Guerre d'Espagne. Bernanos, *Journal d'un curé de campagne.*
1937 *Asmodée* (pièce de théâtre).	
	1939 Déclaration de guerre à l'Allemagne (3 septembre). Drieu la Rochelle, *Gilles.*
1940 → 1944 Mauriac est en butte aux insultes de *Je suis partout.*	**1940** Appel du Général de Gaulle (le 18 juin). Armistice (le 22 juin). Entrevue de Montoire entre Hitler et Pétain (le 24 octobre).
1941 *La Pharisienne.*	**1941** Entrée en guerre de l'URSS et des États-Unis.
	1942 Vercors, *Le Silence de la mer.* Occupation de la zone sud de la France.
1943 *Le Cahier noir.*	**1943** Débarquement allié en Sicile. Sartre, *Les Mouches.*
1944 → 1945 Mauriac intercède en vain, pour sauver Brasillach. Activité politique intense.	**1944** Débarquement allié en Normandie. Libération de Paris.
	1945 Aragon, *La Diane française.*
	1946 Début de la guerre d'Indochine.
	1947 Camus, *La Peste.*
1951 *Le Sagouin.*	**1951** Début des luttes pour l'Indépendance en Tunisie et au Maroc. Gracq, *Le Rivage des Syrtes.*
1952 Mauriac reçoit le prix Nobel. Début de la série des *Blocs-notes.*	**1952** Ionesco, *Les Chaises.*

VIE ET ŒUVRE DE MAURIAC	ÉVÉNEMENTS POLITIQUES, SOCIAUX, CULTURELS
1953 Fondation de l'Association France-Maghreb. Collabore à *L'Express* (→ **61**).	**1953** Mort de Staline.
1954 Soutient Mendès-France.	**1954** Fin de la guerre d'Indochine, début de la guerre d'Algérie. Sagan, *Bonjour Tristesse*.
	1956 Indépendance du Maroc et de la Tunisie.
1958 Ralliement à de Gaulle. *Bloc-Notes*, publié chez Flammarion.	**1958** Retour de De Gaulle au pouvoir. Duras, *Moderato Cantabile*.
1959 *Mémoires intérieurs*.	
	1960 Ionesco, *Rhinocéros*.
	1962 Indépendance de l'Algérie.
	1963 Beckett, *Oh ! Les beaux jours*.
	1964 Début de la guerre du Vietnam.
1965 *Nouveaux Mémoires intérieurs*.	**1965** De Gaulle réélu Président de la République.
	1967 Aragon, *Blanche ou l'oubli*.
	1968 Mouvements étudiants. Les chars soviétiques à Prague. Cohen, *Belle du Seigneur*.
1969 *Un adolescent d'autrefois*.	
1970 Mort de Mauriac, le premier septembre. Hommage national le 4 septembre. Enterrement à Vémars.	

L'œuvre littéraire

« UN CATHOLIQUE QUI FAIT DES ROMANS »

Toute sa vie, Mauriac a lutté contre l'étiquette de romancier catholique (« Un récit qui veut être édifiant, écrit-il dans *Le Roman*, fût-il l'œuvre d'un excellent romancier, nous laisse l'impression d'une chose arrangée, montée de toutes pièces, avec le doigt de Dieu comme accessoire »), selon lui réductrice, mais son œuvre reflète l'inquiétude et le désarroi d'un chrétien hanté par le problème du mal. Sans doute n'est-ce pas un hasard si Mauriac se découvre des affinités avec Pascal et Racine, deux écrivains jansénistes dont il évoquera successivement la vie. Les personnages de Mauriac sont des personnages tourmentés, attirés par le mal mais nostalgiques du Bien, déchirés par une « double postulation, l'une vers Dieu, l'autre vers Satan » (Baudelaire). Ainsi Mauriac s'applique-t-il à évoquer des drames individuels : le riche héritier laid et complexé (*Le Baiser au Lépreux*), la mère possessive et destructrice (*Génitrix*), l'épouse criminelle (*Thérèse Desqueyroux*), le vieillard haineux (*Le Nœud de vipères*)... Cette humanité pitoyable et pathétique, Mauriac pourtant ne lui refuse pas le salut, et la plupart de ses héros (Gradère dans *Les Anges noirs*, ou Louis dans *Le Nœud de vipères*), finissent par avoir la révélation de Dieu, mais certains (comme Thérèse) n'échappent pas à eux-mêmes.

Ainsi, si l'on excepte *Le Mystère Frontenac*, qui évoque, dans une tonalité autobiographique, l'union d'une famille rassemblée après la mort du père, autour de la mère, tous les récits de Mauriac participent d'une même inquiétude, reproduisent le même conflit entre le péché et la grâce. Tous aussi, centrés dans la région Bordelaise, sont des romans provinciaux, romans du conformisme, romans de castes où règne « l'esprit de famille », romans de l'incommunicabilité. Impénétrable aux autres et impénétrable à lui-même, le héros Mauriacien ne se connaît lui-même que lorsqu'il connaît Dieu.

DE LA BIOGRAPHIE À L'AUTOBIOGRAPHIE

Romancier fécond, Mauriac s'est très tôt essayé à la biographie. Que ce soit en 1928 avec *La Vie de Jean Racine*, en 1931 avec *Blaise Pascal et sa sœur Jacqueline* ou même en 1936 avec *La Vie de Jésus*, Mauriac s'investit totalement dans ses recherches, comme si, allant à la quête de l'autre, il allait à la quête de lui-même. Ainsi ses biographies témoignent-elles de ses préoccupations, le trahissent et le révèlent tout autant que le personnage choisi. De même, les deux essais sur Barrès (en 1945) et sur Proust (en 1947), permettent de recomposer son itinéraire intellectuel. C'est pourquoi le biographe sait se faire mémorialiste (*Mémoires intérieurs*, 1959 et *Nouveaux mémoires intérieurs*, 1965). Si Mauriac se refuse aux confidences complaisantes, il choisit de parler de lui-même à travers ses lectures, d'évoquer sa vie intérieure, « la seule qui vaille d'être racontée ».

L'ÉCLECTISME DES ESSAIS

À cette veine biographique, s'ajoute l'ample réflexion des essais. Réflexion spirituelle sur la condition des chrétiens (*Souffrances et Bonheur du chrétien*), sur ses rapports ambigus avec l'argent, (*Dieu et Mammon*) mais aussi réflexion intellectuelle sur la relation qui unit un romancier démiurge à ses personnages (*Le Romancier et ses personnages*). Battue en brèche par l'offensive de Sartre dans la *N.R.F.* en 1939, la position de Mauriac évoluera comme en témoigne son œuvre ultérieure (notamment *La Pharisienne*).

L'INSPIRATION POÉTIQUE ET DRAMATIQUE

Ouverte par un recueil poétique, *Les Mains jointes* (qui valut à Mauriac un article dithyrambique de Barrès), l'œuvre de Mauriac réserve à la poésie une place privilégiée, à des moments cruciaux (1911, *Adieu à l'adolescence*, 1925, *Orages*, 1940, *Le Sang d'Atys*).

En revanche, Mauriac sera moins heureux au théâtre ; si *Asmodée* (servie par ailleurs par une mise en scène de Jacques Copeau) remporte un triomphe en 1937, et si *Les Mal-aimés* (centré sur un père abusif et destructeur) sont aussi une réussite, les deux autres pièces (*Passage du Malin* en 1948 et *Le Feu sur la Terre*, en 1950) se soldent par un échec, et dissuaderont l'auteur de toute récidive.

L'ART DE LA POLÉMIQUE

Aux frontières de la littérature et du journalisme, se situe toute une suite de chroniques et d'articles, souvent des pages d'anthologie.

Du célèbre *Cahier noir*, écrit sous l'occupation, à la série des *Blocs-notes* publiés de 1958 à 1970, Mauriac s'engage et exprime dans une langue de bretteur ses colères et ses révoltes. L'écrivain rejoint ici l'homme, son refus de toute forme de tyrannie, d'intolérance ou d'exclusion.

Sommaire

Un soir d'automne, une jeune femme sort accompagnée d'un avocat du palais de justice de B... où un non-lieu met un terme à l'inculpation dont elle a fait l'objet (I). Durant l'interminable trajet qui doit la ramener au domicile conjugal, Thérèse ressuscite le passé (ch. II à VIII) et cherche à découvrir les raisons pour lesquelles elle a tenté d'empoisonner son mari.

Ainsi ressurgissent dans sa mémoire, son enfance faussement innocente dans un milieu de bourgeoisie provinciale, et son amitié avec Anne de la Trave (II) demi-sœur de ce Bernard Desqueyroux auquel tout le pays la mariait « parce que leurs propriétés semblaient faites pour se confondre », et que Thérèse a épousé en croyant s'émanciper (III).

Mais la médiocrité et le conformisme de Bernard renvoient Thérèse au silence et au mensonge et c'est par jalousie qu'elle décide de briser au nom de l'intérêt familial, l'idylle nouée entre Anne de la Trave et Jean Azévédo, un jeune provincial monté à Paris (IV).

En le rencontrant, Thérèse, qui est aussi indifférente à sa future maternité qu'aux malaises cardiaques de son mari, découvre avec passion l'univers de « ceux qui vivent » (VI).

Le départ de cet unique interlocuteur la condamne à une solitude irrémédiable, solitude que ne peut rompre la naissance de sa fille (VII). Dans l'affolement causé par un incendie, Thérèse laisse Bernard doubler la dose habituelle de Fowler avant de passer insensiblement à l'acte. La tentative criminelle révélée à la famille, on décide d'étouffer l'affaire (VIII). Avec l'arrivée à Argelouse, prend fin le retour en arrière.

Thérèse qui a espéré la compréhension de Bernard, découvre un juge implacable et se voit séquestrée (IX). La mort de tante Clara, une vieille fille sourde, la sauve *in extremis* du suicide (X) mais après le départ de Bernard pour Beaulieu, Thérèse prostrée dans son lit, s'étiole et languit. Deux mois plus tard, une réunion familiale a lieu à Argelouse, au cours de laquelle Thérèse parvient à rassurer le fiancé d'Anne de la Trave (XII).

Le mariage conclu, Bernard rend sa liberté à Thérèse et la conduit à Paris où elle compte s'installer, en éludant toute tentative d'explication (XIII).

Les personnages

Thérèse Desqueyroux
Jeune bourgeoise provinciale qui a fait un mariage de convenance et aspire à s'épanouir loin du conformisme ambiant.

Bernard Desqueyroux
Digne héritier d'une lignée de propriétaires terriens. Personnage médiocre et falot qui se retranche derrière le culte de la famille.

Anne de la Trave
Demi-sœur de Bernard Desqueyroux et amie d'enfance de Thérèse. Manifeste des velléités d'émancipation, lors de son idylle avec Jean Azévédo mais a tôt fait de rentrer dans le rang.

Jean Azévédo
Jeune provincial juif, monté à Paris, qui conquiert le cœur d'Anne de la Trave, avant d'éblouir Thérèse, à peu de frais. Il joue le rôle de détonateur auprès de celle-ci.

Monsieur Larroque
Père de Thérèse, conseiller général radical, candidat aux élections sénatoriales et libre-penseur.

Mme Desqueyroux
Mère de Bernard, conformiste et bien-pensante.

Victor de la Trave
Beau-père de Bernard, dépensier. Personnage effacé.

Tante Clara
Vieille fille sourde, tante de Thérèse, à laquelle elle voue un véritable culte.

Balion, Balionte et Gardère
Domestiques de Bernard qui témoignent d'un certain bon sens mais aussi d'une sécheresse toute paysanne.

Résumés et commentaires

Thérèse Desqueyroux a été publié par les Éditions GRASSET en 1927. Toutes les références de pages renvoient à l'édition du *Livre de Poche*. On trouvera dans le lexique la définition des termes signalés par un astérisque désignant le vocabulaire critique et celui de l'œuvre.

AVIS AU LECTEUR

« Seigneur, ayez pitié, ayez pitié des fous et des folles ! Ô Créateur ! peut-il exister des monstres aux yeux de Celui-là seul qui sait pourquoi ils existent, comment ils se sont faits, et comment ils auraient pu ne pas se faire... »

Charles Baudelaire.

Le roman débute par un « avis au lecteur » qui ne figurait dans aucun des manuscrits, pas plus, par ailleurs, que l'épigraphe de Baudelaire empruntée au *Spleen de Paris* (Mademoiselle Bistouri). Mauriac rappelle un procès auquel il avait assisté à Bordeaux, le procès de Madame Canaby accusée d'avoir tenté d'empoisonner son mari, parce qu'elle aimait un autre homme. À cette source historique, s'ajoute une source plus personnelle, la rencontre d'une « jeune femme hagarde », elle aussi laissée pour compte. Née de la réalité, la fiction retourne à la réalité (« je sais que tu existes »).

Dans ce dialogue entre le créateur et sa créature, apparaissent d'emblée les thèmes qui seront développés dans ce roman = thème de la solitude et de l'enfermement (image de la cage : « barreaux vivants »,

14

« salle étouffante »), thème du mensonge (« démasque ») ; poids du conformisme (« dames empanachées ») et se dessine un personnage hors-norme (« main un peu trop grande », « œil méchant et triste »).

Enfin l'apostrophe s'achève par un plaidoyer, plaidoyer *pro domo* dans lequel Mauriac se justifie d'avoir choisi une héroïne vouée au mal. À l'intérêt d'un personnage tourmenté, s'ajoute pour le romancier, l'espoir de la rédemption (« j'aurais voulu que la douleur te livre à Dieu »), une rédemption jugée impossible en 1927 et refusée de nouveau en 1935, dans *La Fin de la nuit*. Persuadée de la fatalité du mal, Thérèse ne sera jamais « sainte Locuste » (du nom d'une empoisonneuse romaine, à l'origine de la mort de Claude et de Britannicus et que Galba fit mettre à mort en 68 après Jésus-Christ. Pourtant livrée au hasard, Thérèse l'est peut-être aussi à la Providence.

CHAPITRE I

RÉSUMÉ

Un soir d'automne, une jeune femme sort du palais de justice de B., accompagnée de son avocat, à la suite du non-lieu concernant l'inculpation dont elle a fait l'objet. Ils sont attendus par le père de la jeune femme, un notable local qui a joué de son influence pour fausser l'instruction. Indifférent à sa fille, il exprime à l'avocat ses craintes sur le scandale qui pourrait compromettre ses chances aux élections sénatoriales (séquence 1).

Thérèse, distancée par les deux hommes, découvre seule la liberté et monte dans la voiture qui la conduira au train, d'où elle rejoindra son domicile conjugal. Elle se remémore les circonstances de l'instruction et imagine les retrouvailles avec ce mari qu'elle a tenté d'empoisonner (séquence 2).

Monsieur Larroque, coupant court aux effusions, rappelle à Thérèse la nécessité de feindre aux yeux de l'opinion une totale union avec son mari, et renvoie sa fille à sa solitude (séquence 3).

SÉQUENCE 1
(pages 7 à 11)

Un début « in medias res »

Mauriac adopte pour cette ouverture la technique cinématographique et fait l'économie de toute présentation. Propulsé au cœur de l'action, le lecteur découvre simultanément une atmosphère (un soir brumeux d'automne), un cadre (la place du palais de justice d'une ville de province), et des personnages (deux hommes et une femme), unis par le non-lieu qui vient d'être prononcé. La concision de la phrase a pour but de surprendre le lecteur, de le déconcerter, de même que le déconcertent les bribes de renseignements décousus lui permettant de reconstituer partiellement l'intrigue. Le lecteur suit le regard de Thérèse qui redécouvre la liberté et aperçoit à l'écart un homme qu'elle reconnaît ensuite être son père ; il épouse, grâce à une suite de notations sèches, la netteté de ses impressions.

Une pratique de l'ellipse

Au lieu de sacrifier à la traditionnelle exposition, Mauriac choisit de distiller les informations nécessaires par dialogues interposés. Les sous-entendus, les ellipses (soulignées par la fréquence des points de suspension) suggèrent la culpabilité de Thérèse et la complaisance du mari qui a voulu sauver les apparences. Le lecteur découvre progressivement le non-lieu, la nature de l'inculpation et la stratégie défensive de la famille de Thérèse, soucieuse d'éviter le scandale (« le silence », « l'étouffement ») et de ne pas compromettre les chances de M. Larroque aux élections sénatoriales. Cette ellipse dans la structure s'accompagne d'une ellipse dans le discours. Les deux hommes s'entendent à demi-mots, à coup de clichés (« les carottes sont cuites », « c'était couru ») indifférents à Thérèse et à la vérité des cœurs.

Une atmosphère symbolique

Si ce retour à la liberté n'est pas placé sous le signe du printemps et du renouveau mais sous celui de l'automne et du dépouillement (« marches mouillées », « feuilles de platanes collées aux bancs trempés de pluie », « jours qui ont diminué »), c'est qu'il inaugure pour Thérèse une phase d'expiation et ce n'est sans doute pas un hasard si, inversement, le roman s'achèvera sur une note printanière alors que Thérèse espère s'épanouir à Paris. Entre les deux pages un automne interminable, un hiver désespérant scandent le récit. Cette atmosphère est aussi faite de clandestinité, de mystère (« épiés »), de confidences chuchotées. Ainsi le lecteur découvre-t-il progressivement la nature de l'inculpation qui a frappé Thérèse.

Une héroïne solitaire

D'emblée, Thérèse apparaît seule. Elle n'est aux yeux de l'avocat, aux yeux de son père lui-même, « qu'un blême visage qui n'exprimait rien ». Elle se trouve même réifiée et traitée en objet (« gênée par ce corps de femme qui les séparait, ils le poussaient du coude »). Elle-même demeure insensible face à ce fantoche « aux jambes arquées » et à la « voix de fausset ». Rejetée du monde des hommes (même les cyclistes la repoussent dans le fossé), Thérèse se trouve accueillie par la nature, une nature chaleureuse et complice (« le crépuscule recouvrait Thérèse »). Les sensations tactiles (« arracher la mousse »), olfactives (« odeur de fournil et de brouillard ») ressuscitent un personnage rendu à la vie. Le rythme ternaire de la phrase (« terre endormie, herbeuse et mouillée ») accentue le sentiment de plénitude. Ainsi se trouvent superposés les propos satisfaits de Larroque et de l'avocat et les impressions de Thérèse, auxquelles ils servent de contrepoint. Les deux mondes se côtoient sans se rencontrer.

SÉQUENCE 2
(pages 11 à 15)

La marginalité de Thérèse

Ignorée de l'avocat et de son père même, Thérèse part à la quête de son passé et, par une association d'idées, retrouve le souvenir d'une grand-mère marginale et bafouée par la famille. La comparaison attachée à Thérèse (« comme un être menacé d'étouffement ») appelle l'image d'un autre étouffement, l'oubli de la grand-mère scandaleuse (« inconnu » est répété puis repris par « nul ne savait rien » et « effacée et anéantie »).

Le personnage préfigure la destinée de Thérèse, vouée à la vindicte des Desqueyroux. Le souvenir de l'ancêtre appelle l'image de la filiation, et amène tout naturellement celle de Marie, la fille de Thérèse symbole de paix et de ressourcement. Mais son statut de marginale est aussi accentué par la présence du cocher, à la « curiosité goulue » qui transforme Thérèse en bête curieuse. Ainsi sa marginalité se mue-t-elle en calvaire, calvaire d'une jeune femme mise au ban de la société (« devrait-elle, toute sa vie, être ainsi dévisagée ? »). Par ailleurs, l'image du calvaire est reprise par celle du chemin, véritable chemin de croix qui s'enfonce à l'intérieur d'une « muraille sombre de forêt ». Ces mêmes pins qui s'écarteront sur son passage à la fin du roman (ch. XII, p. 168) semblent ici l'enserrer (« ils se rejoignaient », « lit encombré de branches »). Jean Touzot, dans *La Planète Mauriac*, y voit un des thèmes récurrents du récit et l'associe à l'image du troupeau et du flot humain (ch. XIII) en suggérant son ambivalence (tantôt symbole de liberté, tantôt symbole d'enfermement).

Le consensus bourgeois

À la moitié du chapitre, apparaît la première marque d'intérêt du père pour sa fille. La question purement formelle (« Alors, tu es contente ? ») vient interrompre le cours des pensées de Thérèse et du monologue intérieur que Mauriac transpose au style indirect libre (« devrait-elle... ») ; mais la réponse bouleversée de Thérèse est accueillie dans l'indifférence, et le dialogue avorte. Le récit fait alterner le point de vue hostile de Thérèse sur son père (dont les traits saillants sont « scrutés » sans bienveillance) et le point de vue du père sur sa fille. Une même phrase opère un glissement : du point de vue de Thérèse qui condamne l'opportunisme de son père, nous passons à celui de Larroque et à sa mysoginie primaire. Le cliché « toutes des hystériques quand ce ne sont pas des idiotes » se retrouvera par ailleurs au chapitre VI, p. 79. La médiocrité du carriériste (« la cour d'assises évitée, il respire ») n'a d'égale que son cynisme, puisqu'il est prêt à exercer un chantage pour museler la presse. Quant à la question ambiguë de l'avocat, elle n'a d'autre intérêt que d'éveiller l'image d'un retour au domicile conjugal dans un cadre confiné et clos (« chambre ») et une intimité refusée (« tout contre cet homme »).

Un thème privilégié : l'incommunicabilité

Du passé au présent, ce thème est une constante du récit. L'incommunicabilité qui caractérise les relations de Thérèse avec son père, caractérise aussi ses relations avec son époux.

Même au temps de l'instruction, jamais la vérité n'a été effleurée.

(« Il s'agissait alors entre eux non de ce qui s'était passé réellement mais de ce qu'il importait de dire ou de ne pas dire ») et l'essentiel s'est vu éludé. À l'incommunicabilité, s'ajoute le thème du paraître (« ils recomposaient ») dans un monde où il importe d'être ce que l'on paraît et non de paraître ce que l'on est. Le souci d'une argumentation logique et cohérente (dont témoigne la parenthèse « qu'il ne craigne pas... »), d'une stratégie inattaquable, a permis au couple d'éviter les sujets cruciaux en se contentant de faux-fuyants. Thérèse, pour la première fois, envisage des retrouvailles qui ne lui permettront plus de biaiser (« de quoi parleront-ils ? ») et associe à l'image de l'incommunicabilité celle de l'asphyxie.

La focalisation* du regard permet de passer de l'image de la maison, à celle du lit et à celle de la lampe basse et de s'arrêter sur l'image symbolique des « fioles ». À la focalisation spatiale, s'oppose l'élargissement temporel grâce au glissement du présent au futur (« les chiens aboient... », « de nouveau régnera ce silence solennel »), et à l'éloignement successif des compléments de temps : « cette nuit », « le lendemain », « le jour qui suivra », « les semaines ». La phrase donne ainsi l'impression de monotonie, de répétition et de langueur dans un huis-clos insupportable.

SÉQUENCE 3
(pages 16 à 17)

Les rapports père/fille

Cette séquence s'articule alternativement autour du passé et du présent, autour du point de vue de Thérèse et autour de celui de son père. Le lecteur passe successivement de l'évocation de l'instruction passée à celle de l'imminent départ, encore brusqué par l'impatience de M. Larroque.

Indifférent aux états d'âme de sa fille, soucieux avant tout de la réputation (il baisse la voix devant Gardère), il rappelle à l'ordre Thérèse à l'aide de propos stéréotypés (« comme les deux doigts de la main ») et l'appel de Thérèse (« alors c'est toi qui viendras ») reste sans lendemain. Il importe de ne pas déroger aux habitudes. L'exaspération du père apparaît à travers un paragraphe rédigé au style indirect libre et qui prend en compte son point de vue (« c'était incroyable qu'elle ne comprît pas... »). L'indifférence perce dans le geste (« il la poussa »), à peine plus chaleureux que celui de l'avocat, dont la main « aux durs ongles noirs » ressemble davantage à une serre. L'un et l'autre se retrouvent dans la défense égoïste de leurs intérêts de leur réussite sociale, l'un et l'autre semblent également désincarnés.

Le retour en arrière et le jeu des points de vue

Refusant une narration purement linéaire, Mauriac multiplie les points de vue* et élargit le champ temporel. Les retours en arrière et les anticipations permettent ainsi d'insérer le récit dans une plus large perspective. Le retour en arrière permet de rappeler les circonstances de l'instruction et l'entente tacite entre les époux face à la justice. Ainsi l'intrigue se trouve-t-elle précisée en même temps que se trouve définie la personnalité de Thérèse. Le regard du narrateur (« jamais les deux époux ne furent mieux unis... ») alterne avec le point de vue de l'héroïne en même temps que sont opposés les retours provisoires du temps de l'instruction, au retour définitif.

Conclusion

Au terme du chapitre, le lecteur, sans avoir eu précisément une classique présentation de l'intrigue ainsi que de ses personnages, a en main les données essentielles du récit. Curieusement, le roman commence là où en général il s'achève, et l'approche à rebours du crime, si elle annihile d'emblée tout suspens dramatique, lui substitue en revanche une perspective psychologique, un vécu intériorisé par une descente en soi-même. Si les grandes lignes de l'intrigue apparaissent, l'héroïne commence elle aussi à se démarquer des figures caricaturales de bourgeois opportunistes qu'incarnent son père et l'avocat. À peine décrite, (le portrait n'interviendra qu'au chapitre II) elle ne serait qu'une présence fantomatique si l'accent n'était mis sur sa différence. Mais plus que tout, c'est un climat que Mauriac a ressuscité, climat d'une petite ville provinciale bien-pensante (sans doute Bazas), qui fait et défait les réputations et jette l'anathème sur les fauteurs de scandales. Ainsi la tonalité majeure est-elle, à l'image de ce pluvieux automne, faite de mélancolie et de déréliction, comme si, en retrouvant la liberté, Thérèse découvrait une prison plus redoutable que celle de la Justice.

CHAPITRE II

Carrée dans la voiture, Thérèse retrouve le chemin qui doit la ramener à la gare de Nizan et s'abandonne aux cahots de la route. Un cauchemar lui représente le juge en possession d'une pièce à conviction qu'elle avait laissée dans sa pélerine (séquence 1).

De nouveau éveillée, elle imagine la confession qu'elle présentera à Bernard et la délivrance, tant vantée par sa pieuse amie, Anne de la Trave. Cependant, la voiture arrive à Nizan où Thérèse doit attendre la formation du train à destination de Saint-Clair (séquence 2).

Elle revoit d'autres voyages, qu'elle faisait adolescente, en compagnie d'Anne de la Trave et anticipe sur les retrouvailles avec Bernard dont elle espère l'indulgence et la compréhension. À peine installée dans le train, Thérèse part en quête de son passé, en remontant le cours de ses souvenirs. Aussitôt apparaît l'image d'une enfance et d'une adolescence provinciales, une adolescence déjà entachée par le mal. Le sifflement de la locomotive entrant en gare d'Uzeste interrompt sa méditation (séquence 3).

SÉQUENCE 1
(pages 18 à 21)

Impressions de voyage

Sensible aux parfums de la nature, Thérèse l'est tout autant aux odeurs du train. La sensation olfactive est mise en relief par l'anticipation du complément d'objet direct (« cette odeur, Thérèse l'aime... »), qui suggère que Thérèse est un être d'instinct d'autant mieux accordé au monde extérieur qu'elle est coupée du reste des hommes. L'image des cigarettes permet de situer historiquement le drame d'une héroïne pour qui fumer est encore une façon de s'émanciper. Le paysage extérieur prend des contours fantasmagoriques, à la lueur des lanternes du train, d'autant plus irréel que les mules « d'elles-mêmes prennent la droite ». La phrase même, sinueuse, vagabonde, suggère le caractère interminable du voyage (« il semble » ; « elle espère » ; « plus d'une heure ») et l'appréhension de Thérèse évoquée par la reprise « elle espère ne l'atteindre jamais ». Ce chemin de croix est scandé par différentes stations et par un trajet final en carriole, sur une route si peu praticable qu'aucune voiture ne s'y engage la nuit. Argelouse apparaît ainsi comme un lieu déshérité, perdu au bout du monde, si redoutable que Thérèse se raccroche à l'espoir illusoire d'un tremblement de terre.

Portrait de Thérèse

Ballottée par les soubresauts du train, Thérèse apparaît dans toute sa faiblesse (« petite tête blême et ballottée »), corps abandonné, plus une victime offerte qu'une criminelle. La métaphore l'associe à la biche aux abois, traquée comme elle. Au point de vue de l'héroïne, succède le regard du narrateur omniscient qui juge son personnage avec la compassion qu'il porte aux créatures de l'ombre. La phrase elliptique (« joues creuses, pommettes, lèvres aspirées... ») qui fait l'économie des articles, convient à un portrait aux traits accusés. Rescapée de la justice des hommes, Thérèse n'échappera pas à la justice de la famille et devra assumer sa condition de marginale. Le regard du narrateur se teinte de pitié, voire de fascination ; le terme « charme » lui-même, qui reviendra à plusieurs reprises, (ch II p. 23 et ch IV p. 44) suggère le magnétisme qui émane d'un personnage torturé. La prolepse* permet de souligner le caractère exceptionnel de l'héroïne vouée à la souffrance et vouée au masque (« donner le change »). Les deux thèmes reviennent dans la phrase suivante : l'image de la souffrance est reprise par la « face de brûlée vive » et celle de l'hypocrisie par « démasquée ». Thérèse voit se dessiner avec appréhension l'heure des retrouvailles (« quelles seront ? » ; « sans doute » ; « mais demain ? »), puis cherche à oublier et à s'étourdir. La phrase s'abrège en même temps que s'atrophie la réflexion, à l'approche du sommeil.

Le cauchemar

Les points de suspension concrétisent ce passage de l'état de veille à la somnolence, en même temps que le passage du narrateur omniscient au monologue intérieur* du personnage. Le lecteur épouse le point de vue de Thérèse et découvre les images du cauchemar.

L'apparition du juge d'instruction trahit l'angoisse latente de Thérèse et son sentiment d'insécurité. Une logique implacable se substitue au monde des complaisances. Ainsi apparaissent de véritables rapports de force (« l'ennemi » auquel s'oppose la victime « décomposée »), accentués par le mécanisme du juge (« sa tête remue »...) et son regard inquisitorial (« n'avez-vous rien oublié, rien dissimulé ? »). Traquée comme le gibier aux abois, Thérèse étouffe et entend sa voix « coupante » et son rire sardonique.

Tout naturellement, l'héroïne retrouve sa conscience au moment où le rire du juge se confond avec le crissement des freins de la locomotive. Le réveil correspond à un soulagement ; libérée, l'héroïne s'épanouit au contact de l'air nocturne et cherche à reconnaître le parcours.

SÉQUENCE 2
(pages 21 à 23)

L'espoir de la confession

L'image de la liberté physique suggère alors celle d'une libération intérieure par la confession à Bernard, confession qui relèverait plus d'un confort personnel (« rendre possible sa vie ») que d'une démarche religieuse. Ce qu'il s'agit de sauver, c'est le bien-être d'une vie harmonieuse. C'est pourquoi tous les termes (« joie, lumière... ») doivent être ici envisagés de façon profane. Il y a une distanciation ironique à l'égard de la religion. L'expression « préparer sa confession » est mise entre guillemets, de même qu'Anne de la Trave est qualifiée de « dévote amie ». Le point de vue de l'héroïne se superpose à celui du narrateur qui apostrophe le personnage de l'extérieur : Anne, la « petite sœur », devient le négatif de Thérèse, la créature torturée.

En même temps qu'un jugement moral, la phrase a une fonction dramatique puisqu'elle souligne le rôle qu'a involontairement joué Anne, dans la genèse du crime. Mauriac oppose la « lycéenne raisonneuse et moqueuse » à la petite fille catéchisée qui prône la confession, mais plus que d'une expiation, il s'agit pour Thérèse, de trouver un « desserrement délicieux ». De multiples interrogations traduisent le début d'une progressive introspection et d'une quête de soi-même. Pour se confesser, Thérèse aura besoin de se comprendre, or le personnage est à lui-même un mystère. Ainsi se dessine le visage d'une héroïne humaine, à la recherche de sa vérité. Au-delà de la complexité même de l'héroïne,

Mauriac proclame le caractère irréductible du cœur humain, irréductible aux mots, irréductible à toute ratiocination. Thérèse a été habitée par une « puissance forcenée », une force instinctive. Créature des ténèbres, elle est hantée par le mal, tour à tour bourreau et victime.

Un cadre symbolique

Cette descente en soi-même se double d'un parcours physique dont l'arrivée à la gare de Nizan marque la première étape. Tout concourt à créer une impression d'angoisse : les ténèbres (la parenthèse souligne qu'il s'agit d'une observation de l'héroïne), l'enfermement des bestiaux, dont les bêlements tristes semblent l'écho de la plainte intérieure de Thérèse, et plus que tout, la curiosité malsaine du cocher, soucieux de savoir à quoi ressemble une criminelle, et la présence taciturne des métayères. Un rapport hiérarchique s'instaure néanmoins entre la « fille du maître » et le domestique qui, malgré sa malveillance, doit s'exécuter. Le sourire de Thérèse (« qui faisait dire aux gens... ») suggère la maîtrise du personnage, habitué à paraître, à jouer un rôle et à commander ; c'est avec impassibilité qu'elle accueille le regard inquisiteur du cocher (« dévisager » renvoie à « dévorer des yeux », image lexicalisée de la voration dont Jean Touzot remarque que Mauriac l'a souvent renouvelée et intensifiée).

SÉQUENCE 3
(pages 23 à 28)

Introspection

D'un plan de la narration (la description), nous passons à un autre (le retour sur soi). L'image de la gare de Nizan appelle l'image des vacances de l'adolescente, dans une atmosphère de gaieté (« joie »), et de simplicité (« repas à l'auberge »). L'innocence de l'amitié trouve un écho dans la blancheur immaculée d'une route « si ténébreuse ce soir ». À l'insouciance des propos des jeunes filles, soucieuses de défendre leur éducation respective, s'oppose le tourment présent de Thérèse.

Cependant, l'avenir se superpose au passé et la figure d'Anne est occultée par celle de Bernard, un Bernard rationnel, précis et sommaire. Le thème de l'ordre (« classe », « isole ») s'oppose à celui de l'ombre (« le lacis de défilés, de passages ») de la conscience qui annonce l'image du « tunnel » (ch. VIII).

Ainsi se dessine le relief tourmenté d'une âme souffrante (les « défilés », les « passages » sont repris par les « régions indéterminées ») et découragée par l'éloignement de ses proches : « comment l'introduire » sera repris au chapitre III par : « Bernard, Bernard, comment t'introduire dans ce monde confus ». À l'idée de la confession, s'ajoute la perspective réconfortante d'un pardon tout évangélique (« Lève-toi, sois pardonnée »).

À ce tâtonnement intérieur, répond le tâtonnement physique de Thérèse qui traverse dans l'ombre le jardin du chef de gare. Symboliquement, son visage reste dans l'ombre, visage de marginale, visage de criminelle, visage insondable que ne sauraient distraire les récits les plus romanesques.

Du futur...

Thérèse hésite entre l'espoir (« Bernard la relèverait ») et le scepticisme (« ah, songe Thérèse, il n'aura pas compris ») et s'acharne à composer une confession – plaidoyer qui triomphe de l'incommunicabilité. Elle caresse le rêve d'une parfaite réconciliation. La même image (« lève-toi, la relèverait ») revient comme pour signifier sa nouvelle dignité d'épouse pardonnée.

La rêverie se prolonge autour de l'époux sublime, devenu presque indifférent et ironique à l'égard du crime (« mes syncopes ne t'effrayaient pas (...) et cet imbécile de docteur Pédemay... ») uni par l'insolite complicité du souvenir à son bourreau. Les points de suspension cependant, suggèrent un retour à la réalité et à la lucidité (« il n'aura pas compris »). Le découragement s'empare de Thérèse qui n'imagine pas cependant que le droit à la parole puisse lui être refusé. L'introspection échoue à retrouver l'origine du crime et les interrogations traduisent le désarroi d'une héroïne étrangère à elle-même et pourtant prisonnière de son passé. La comparaison avec la plante suggère, en jouant sur le sens propre et le sens figuré du mot « racine », que l'on n'échappe pas à soi-même.

... Au passé :
une impossible coïncidence avec soi-même

L'évocation de l'enfance s'ouvre par une métaphore naturelle (trois comparants successifs « neige », « source », « fleuve » sont associés au comparé = « l'enfance » de Thérèse) reprise une page plus avant par une métaphore atmosphérique. Le symbolisme du blanc permet de rappeler la pureté de Thérèse, mais la phrase qui résume l'enfance est aussitôt suivie de l'évocation de l'adolescence, une adolescence placée sous le signe du malentendu (« elle avait paru »). Déjà apparaissent le thème du masque et celui de la marginalité. Coupée de ses camarades, Thérèse fait figure de modèle tandis que son orgueil passe pour de la vertu (« type d'humanité supérieure »). Curieusement, c'est sa conscience, une conscience intransigeante, qu'on célèbre. Lucide, Thérèse refuse l'idéalisation du « vert paradis des amours enfantines », fouille sans complaisance son passé (« Étais-je si candide ? ») et rejette toute opposition sommaire entre la chaste enfant et l'épouse souillée par « la salissure des noces ». Elle débusque son hypocrisie et sa secrète cruauté (« un ange plein de passions », « je jouissais du mal que je causais et de celui qui me venait... »), un sado-masochisme qui corrompait « les plus innocents plaisirs ». Elle reconnait aussi sa fierté d'élève de la laïque face à Anne de la Trave, vouée au Sacré-Cœur et son sentiment de supériorité (« je n'ai pas besoin »).

De l'image de l'été, nous glissons à celle de l'orage, dans une métaphore qui a l'avantage de concentrer la durée : la vie est comparée à une journée estivale, l'enfance aux « matinées bleues », la maturité aux orages des fins d'après-midi. L'orage comme l'incendie dans d'autres chapitres, suggère le déchaînement des passions et du mal. L'image prospective dessine le néant actuel de l'existence de Thérèse : « parterres saccagés, branches rompues » et, terme symbolique annoncé à la page précédente par « le fleuve sali », « boue ». L'accent est mis sur un cheminement intérieur (« elle a descendu insensible ») excluant toute crise spectaculaire et toute stratégie machiavélique. Pour Mauriac, nul ne naît criminel, tout au plus peut-on le devenir, c'est pourquoi il se refuse à condamner définitivement son personnage.

Ainsi, paradoxalement, apparaît la continuité d'un personnage, « du jeune être radieux » à la « femme perdue », de la créature solaire à la créature de l'ombre (« furtive et protégée par la nuit »).

Le monde extérieur

Le chapitre s'achève sur un retour au monde extérieur. Condamnée au face-à-face, Thérèse, close sur elle-même, ne peut rien voir à travers les vitres, que « sa figure morte », et le rythme des souvenirs égrenés s'accompagne de la marche de la locomotive jusqu'à la pause que s'accorde l'héroïne, et à laquelle répond l'arrêt du train à Uzeste. La remontée des souvenirs est soulignée par le cheminement nocturne de la locomotive qui se guide sur l'unique présence d'un falot. Retranchée derrière sa vitre, Thérèse contemple ce monde auquel elle n'appartient qu'à demi et mesure son temps à l'aune du trajet (« une station encore... qu'il reste peu de temps à Thérèse pour préparer sa défense ! »).

Ainsi ce deuxième chapitre, qui coïncide avec le début du parcours de Thérèse, marque le début de l'introspection et du retour en arrière. Entre rêve et conscience, dans un va-et-vient constant de la mémoire, se dessine le portrait ambigu d'une héroïne irréductible à toute définition et mystérieuse à elle-même, à la quête de sa propre vérité.

CHAPITRE III

RÉSUMÉ

Thérèse revoit Argelouse, ce hameau isolé et déshérité où elle passait adolescente, ses vacances, à proximité de la maison de Bernard Desqueyroux auquel tout le pays la mariait « parce que leurs terres semblaient faites pour se confondre ». Elle revoit Bernard, ce bourgeois provincial conformiste, à l'image d'une classe de hobereaux fossilisés et rit de ses préjugés, sans toutefois nier ses qualités de cœur (séquence 1).

Elle ressuscite son amitié avec Anne de la Trave, leurs promenades estivales par des après-midis torrides et les premières chasses à la palombe. L'insouciance de l'adolescente se teintait déjà d'une certaine appréhension face à un avenir désespérément vide (séquence 2).

Thérèse s'interroge sur les raisons qui l'ont conduite à épouser Bernard et se rappelle les réserves de Mme de la Trave, réserves dont l'intérêt avait eu raison. Derrière la comédie de la fiancée amoureuse apparaît le goût de la propriété et le besoin très conformiste de se « caser ». Du temps des fiançailles, n'émerge que le souvenir d'une promenade au cours de laquelle sa curiosité pour l'acide prussique des fougères avait déconcerté Bernard, soucieux de détruire ses « idées fausses ». Le chapitre se clôt sur l'évocation des préparatifs de mariage et l'insouciance, la paix trompeuse qui les accompagnaient (séquence 3).

COMMENTAIRE

SÉQUENCE 1
(pages 29 à 33)

Présentation d'Argelouse

Le troisième chapitre s'ouvre par une présentation d'Argelouse, cette présentation traditionnelle du cadre romanesque que le lecteur pouvait attendre du chapitre I et que Mauriac a choisi de placer au cours du récit.

D'emblée, l'accent est mis sur l'éloignement, un éloignement souligné par l'adverbe « réellement » (est-il à mettre au compte de Thérèse, qui chercherait une excuse supplémentaire pour justifier son acte, ou au compte du romancier qui reprend ses droits et opte pour l'objectivité du « réel » ?). Le terme « d'extrémité » est repris par « un de ces lieux au-delà desquels... », « à dix kilomètres du bourg », « une seule route défoncée ». Isolé, le hameau qui n'est qu'un « quartier » respire la tristesse (« quelques métairies sans église, ni mairie, ni cimetière »), privé de toute existence civile comme religieuse, rejeté du monde des hommes et abandonné de Dieu lui-même. La nature elle-même paraît aride, austère (« ornières », « trous », « sentiers sablonneux ») et monotone (« quatre-vingts kilomètres »). Réduite à une monochromie de gris (marécages, lagunes, landes, brebis...), elle semble une image du purgatoire. Les maisons abandonnées au profit de Saint-Clair semblent déchues (ce ne sont plus que des « métairies ») et la personnification (« elles se tassent », « l'aile fatiguée ») accentue la mélancolie de l'abandon. Le regard se focalise sur « deux de ces vieilles demeures » au centre du drame.

L'immobilisme de ces familles de notables à l'égard de leur logis, s'accorde au conservatisme politique et social. Tel est le décor des vacances de l'héroïne, une héroïne solitaire, dont la mère est morte en couches, que son père néglige, et qui doit se satisfaire de la présence de Tante Clara, vieille fille sourde (infirmité hautement symbolique dans ce roman de l'incommunicabilité). Insensiblement, nous glissons de l'image de la maison à celle du foyer et du mariage, acte social chargé d'assurer la perpétuation d'une classe.

Présentation de Bernard

Ainsi s'opère un deuxième glissement qui permet de présenter le protagoniste du récit. Homme d'habitudes (« on ne l'y voyait jamais... ») et de principes, Bernard Desqueyroux respire la modération (« raisonnable ») pour ne pas dire la médiocrité.

Trop conformiste pour se singulariser, il se plie à l'opinion publique et accepte un mariage de convenances (« tout le pays les mariait »...). À l'épaisseur physique du jeune homme « un peu trop gras », répond l'épaisseur d'un esprit obtus, fait de parti-pris. Rangé, le personnage organise sa vie selon un plan méthodique, suivant les préceptes familiaux en s'interdisant tout écart de conduite. L'ironie de l'auteur, excédé par les préjugés de son milieu social perce sous certaines maximes que Bernard a reprises à son compte (« un mari doit être plus instruit que sa femme »). À l'inverse, Thérèse passe, aux yeux des Desqueyroux pour un esprit « fort » (c'est-à-dire rebelle et critique), une intellectuelle que Bernard se fait fort de ramener dans le rang. L'opportunisme des Desqueyroux qui ne dédaignent pas l'appui d'un radical complète un tableau pitoyable. Ainsi dessiné, Bernard semble un nouveau Bovary, avec ses goûts de petit-bourgeois excitant l'ironie de Thérèse.

La pratique du point de vue

La fréquence des guillemets dans cette partie du texte peut s'expliquer par le glissement des instances narratives, comme si le point de vue de Thérèse reprenait ici le dessus (Mauriac le confirme lui-même quelques lignes plus loin : « Thérèse sourit à cette caricature de Bernard ») introduisant une distanciation ironique. Ainsi Thérèse s'amuse-t-elle du conformisme de Bernard, incapable de se démarquer de l'opinion publique (« mais on ne se demande pas si elle est jolie ou laide, on subit son charme »). Pourtant le jugement se nuance, perd en causticité ce qu'il gagne en objectivité, reconnaissant à Bernard quelques vertus (« bonté » / « justesse d'esprit » / « grande bonne foi ») qui expliquent son ascendant auprès des métayers. Sans doute aussi, est-ce l'écrivain qui, soucieux d'éviter le manichéisme, tempère le portrait en lui conférant quelque humanité. L'accent final est mis moins sur la médiocrité du personnage que sur son caractère fruste et sauvage (comme en témoigne le rappel mythologique du fougueux Hippolyte, indifférent aux avances de Phèdre). Cette ambiguïté du point de vue est présente dès le début du chapitre. Ainsi, faut-il mettre l'évocation d'Argelouse sur le compte de Thérèse ou bien sur celui du romancier ?

SÉQUENCE 2
(pages 33 à 38)

L'amitié d'Anne de la Trave

Le regard de Thérèse se reporte au temps de son amitié avec Anne de la Trave qui semble surgir des brumes du souvenir. À la chaleur de ce matin d'été, répond le visage « en feu » de l'amie, venue à bicyclette de Saint-Clair. L'évocation d'une atmosphère suffocante et d'une lande brûlée par le soleil, rappelle d'autres descriptions de l'œuvre de Mauriac (en particulier *Génitrix*, et *Un adolescent d'autrefois*). Des synesthésies* unissent les sensations visuelles aux sensations auditives : ainsi les cigales « s'allument de pin en pin » tandis qu'à l'inverse, la fournaise de la lande se met à « ronfler ». Le terme de brande emprunté à un lexique régional (désignant les bruyères) accentue le réalisme de la description. À l'écrasante chaleur de l'été, s'oppose la fraîcheur des maisons provinciales aux murs épais. Le souvenir de la complicité des adolescentes et de leur insouciante gaieté aux dépens de Tante Clara, prend les contours d'un paradis perdu, d'autant plus lumineux qu'il apparaît au fond « d'un compartiment obscur ». Pourtant, ce paradis est menacé (« frêle », « trouble ») par sa fugacité même, que Thérèse mesure avec amertume (*cf.* le rôle de la prolepse « cette trouble lueur de joie, elle ne savait pas alors que ce devait être... »). Ainsi se dessine un bonheur modeste, voire dérisoire, puisque l'amitié même reste superficielle : communion de sensations et non communion d'idées (« Anne savait-elle un seul des goûts de Thérèse ? »). L'amitié avec Anne de la Trave se réduit à la connivence d'une semi-clandestinité (dans une « demi-ténèbre ») au sein d'une confortable retraite (« il fallait tout clore et se tapir »), alors même que la chaleur « assiège les hommes ». C'est cette sensibilité à la nature qui rapproche les deux amies : après le contact avec la terre et l'air (elles sont couchées à travers champ), vient le retour à l'élément primordial : l'eau. Ainsi la promenade vers les sources de la Hure (rivière que l'on retrouve dans *Un adolescent d'autrefois*) devient-elle une quête des sources de la vie, dans un pays brûlé et calciné par le soleil. Ce retour à la nature s'accompagne d'un certain rituel puisque les jeunes filles se déchaussent pour pénétrer dans l'eau glaciale. Du salon à la cabane des chasseurs, on retrouve la même complicité, la même torpeur, le même bien-être : un bonheur modeste en marge des hommes.

La métaphore cynégétique

Curieusement, la chasse éveille chez la « dévote amie » des instincts meurtriers qui laissent Thérèse indifférente. L'insouciance d'Anne « chasseresse », sa témérité et sa désinvolte cruauté émerveillent Thérèse, sans doute aussi fascinée par l'image même de la capture et de la mort. L'oiseau blessé, capturé et étouffé annonce symboliquement le propre destin de Thérèse enfermée dans la « cage » (chap. IV) du mariage. Dans la relation qui l'unit à Anne, elle semble paradoxalement dépendante et soumise.

L'humilité de Thérèse qui accepte de n'être qu'un pis-aller (« quand tu n'auras rien de mieux ») suggère sa solitude et sa détresse, détresse à laquelle s'oppose la gaieté d'Anne qui part en faisant sonner son grelot. Le respect des métayers et la timidité des enfants condamnent Thérèse à la solitude, alors même que lui apparaît la solidarité des brebis qui courent « toutes ensemble ». Les monologues de Tante Clara ne peuvent combler le vide de ces vacances, ni sa lassitude (« elle n'avait envie de rien »). Entre la vieille fille sourde et Thérèse délaissée se tisse un réseau de correspondances, mais ces deux solitudes cohabitent sans se confondre. De même, la cloche et la lampe ne peuvent-elles donner à cette maison solitaire que l'illusion de la vie.

SÉQUENCE 3
(pages 38 à 42)

Les fiançailles

Après l'enfance et l'adolescence, ressurgit du fond de la mémoire, le temps des fiançailles. Thérèse, qui s'interroge sur les raisons qui l'ont conduite à se marier, revoit la sagesse de Bernard, sa pondération, à l'inverse de sa propre hâte, hâte dont se félicitait sa belle-mère (« elle l'a voulu » est répété trois fois). De même apparaissent les préjugés de Mme de la Trave à l'égard d'une jeune fille élevée au lycée, son conformisme et son opportunisme (« on a besoin de tout le monde »).

Lucide, Thérèse reconnaît son aptitude à jouer la comédie (« aucune attitude qui demandât moins d'effort ») et à travestir ses sentiments, par complaisance sans doute plus que par machiavélisme. Déjà le masque lui colle à la peau et tous s'y trompent (« elle se ronge »). Dans cet effort d'introspection, Thérèse cherche à se comprendre et analyse froidement son âme. Elle élimine l'argument affectif (le lien familial avec Anne de la Trave) pour expliquer son mariage, mais retient l'argument matériel : passion de la terre et de la propriété plus que de l'argent en soi.

Coupée du reste des hommes, Thérèse est en revanche enracinée dans sa région et sa terre, une terre synonyme de nature, mais aussi de pouvoir, une terre personnifiée et chérie (« séduite », « amoureux de mes pins ») à l'égal d'un être aimé.

Au-delà cependant de l'intérêt, Thérèse découvre une motivation psychologique plus complexe, un désir d'échapper à sa solitude (« elle avait hâte d'avoir pris son rang ») et peut-être à elle-même (« quel péril ») en se conformant au moule collectif (« bloc familial »).

Un réseau de correspondances dans une scène emblématique

Thérèse isole dans le souvenir de ces mois de fiançailles une promenade avec Bernard dans la lande. Un gros plan permet d'opposer aux feuilles mortes des chênes, en hauteur, les jeunes crosses des fougères du nouveau printemps, fougères dont le vert « acide » permet d'enchaîner sur l'image du poison. Face à son fiancé sage et prévoyant, Thérèse semble imprévisible avec ses questions déconcertantes. Ainsi le thème de la mort (du suicide plus que du crime) apparaît-il ici avant d'être pleinement orchestré au chapitre VIII.

Comme souvent, Mauriac tisse un réseau de correspondances et d'échos dans le roman et nous invite à lire ce passage, comme un texte signifiant. Le non-dit importe tout autant que le discours explicite. Prise à son propre piège, Thérèse semble, avant même son mariage, chercher une issue et une échappatoire. Sa feinte insouciance cache mal son inquiétude et son besoin de réconfort (« À vous de les détruire, Bernard »). La fin du chapitre présente subrepticement d'autres acteurs du drame. Par le biais de la métairie de Vilméja, Mauriac évoque la famille Azévédo, famille doublement marginalisée, parce que juive et parce que tuberculeuse, et dont l'un des membres jouera un rôle moteur. De même, indirectement, les préparatifs du mariage permettent-ils d'évoquer la présence du fils Deguilhem, le futur fiancé d'Anne de la Trave. La frivolité des derniers préparatifs permet à Thérèse d'éluder l'essentiel et de se leurrer en confondant la paix avec la résignation. Le chapitre se clôt sur l'image du reptile symboliquement associé au mal (*cf. Le Nœud de vipères*) que Thérèse couve en son sein.

Conclusion

Chapitre de présentation (cadre, milieux sociaux, mentalités), ce chapitre est aussi un chapitre d'atmosphère. Nous y respirons la chaleur sèche des étés landais, l'air confiné des intérieurs bourgeois sur le fond desquels se détache une héroïne incertaine, hésitante, inconsciente encore de sa différence.

CHAPITRE IV

RÉSUMÉ

Ce chapitre s'ouvre sur l'évocation du mariage de Thérèse avec Bernard Desqueyroux à Saint-Clair, par une journée torride. Thérèse retrouve par le jeu de la mémoire, l'angoisse de la jeune épouse emmurée vivante par le mariage, prise au piège du conformisme. À l'allégresse générale qui accompagne cette noce provinciale s'oppose le désespoir de la jeune femme déjà solitaire (séquence 1).

Puis c'est le dégoût face à l'intimité conjugale, et l'apprentissage de l'hypocrisie au cours du voyage de noces en Italie qui ressemble à un marathon touristique, et le retour désenchanté par Paris où trois lettres d'Anne attendent Thérèse. Tandis qu'un courrier de la mère de Bernard les informe de l'idylle nouée entre Anne de la Trave et Jean Azévédo (au grand dam de la famille qui voit compromis le mariage avec le fils d'un notable de Saint-Clair), Thérèse découvre dans les lettres de son amie, l'euphorie de la passion. Aussitôt jaillissent en elle la jalousie et l'amertume, amertume d'une jeune femme frustrée, spectatrice du bonheur des autres et qui, dans sa rage, perce la photographie de Jean Azévédo (séquence 2).

Le souvenir de la dernière soirée parisienne du couple se confond avec l'image d'un repas, dans un grand restaurant, repas auquel Thérèse, enceinte, ne fait pas honneur, et d'une conversation sur l'aventure d'Anne. Découragée par les préjugés et le conformisme de Bernard, Thérèse finit par se taire. La dernière nuit avant le départ consomme le divorce entre les époux. Thérèse, tout à la perspective de briser l'idylle d'Anne, devient paradoxalement, aux yeux de Bernard, le garant de l'ordre familial (séquence 3).

COMMENTAIRE

SÉQUENCE 1
(pages 43 à 47)

Un mariage placé sous le signe de l'enfermement...

D'emblée, Mauriac introduit la tonalité majeure du chapitre : le thème de l'enfermement. Le mariage a lieu par un jour « étouffant », dans une église « étroite » qui semble plus un poulailler qu'un édifice religieux (« caquetage des dames »). Le thème est repris par l'image de la cage (qui ouvre et clôt le chapitre) et de « la lourde porte refermée ». Parallèlement, Thérèse semble une biche aux abois, une proie prise au piège (« elle se sentit perdue » ... « au plus épais d'une famille »). L'image du feu destructeur qui lie le destin de l'héroïne à celui des forêts landaises suggère les ravages de la souffrance. La gaieté d'Anne accuse encore davantage la détresse de Thérèse, rebutée à l'idée de l'intimité conjugale. Pourtant cette hantise de la souillure que l'on trouve déjà dans *La Chair et le Sang* (*cf.* Pléiade page 302) et *Le Baiser au lépreux* (*cf.* Pléiade page 466) trahit moins ici un idéal de chasteté qu'un puissant orgueil (« Thérèse allait se confondre avec le troupeau de celles qui ont servi »). Lucide, Thérèse mesure ses illusions et sa solitude alors que tout la sépare désormais de la « gentille figure barbouillée de poudre ». Au regard de Thérèse sur l'assemblée, s'oppose celui des invités de la jeune femme. Les convives de ce mariage quasi-féodal (« plus de cent métayers ») ne peuvent interpréter la tristesse de Thérèse que de manière prosaïque.

... et de l'incommunicabilité

Le voyage de noces revu par Thérèse paraît à la fois pathétique et dérisoire : pathétique dans la mesure où Thérèse est profondément seule ; dérisoire dans la mesure où il n'échappe à aucun des clichés du genre. Le départ des époux au milieu des acclamations et des carrioles zigzagantes n'est pas sans rappeler la noce d'Emma Bovary, d'autant plus que Thérèse, tout comme Emma, apprend à jouer un rôle. La nuit de noces laisse Thérèse indifférente, et rêvant à d'autres voluptés. Le thème du mensonge réapparaît, mensonges du corps cette fois (« mimer », « feintes », « duper »...) qui doivent tromper Bernard. La comparaison avec les intempéries (« comme devant un paysage enseveli sous la pluie... ») met en relief la frustration de Thérèse qui fait l'apprentissage de la désillusion. Tout se passe comme si ce mariage n'était que le négatif du bonheur attendu. Face à Thérèse, Bernard apparaît plus que jamais grotesque et dérisoire, touriste consciencieux et époux appliqué. Le regard ironique de Thérèse l'assimile aux jeunes porcs de la lande, en jugeant sans complaisance leurs relations.

L'intimité conjugale accuse le divorce entre les deux personnages : à Bernard qui reste « enfoncé » dans son plaisir, s'oppose Thérèse résignée et glacée. Les images violentes (« étrangler, « acharnement ») confondent le plaisir avec un acte meurtrier.

Le tiret au cœur de la phrase, de même que les démonstratifs (« ce fou », « cet épileptique ») accentuent la séparation.

SÉQUENCE 2
(pages 47 à 54)

La halte parisienne

Le retour du voyage de noces coïncide avec la découverte des lettres d'Anne de la Trave, d'autant plus imprévues que Thérèse a reçu la lettre anodine, attendue. Sa naïveté et son assurance percent sous le paternalisme (« la petite », « elle n'en attendait point d'autres »). Ainsi la nouvelle de l'idylle d'Anne fera-t-elle l'effet d'un coup de tonnerre, premier détonateur dans cette genèse du crime. L'arrivée simultanée des trois lettres, à la veille du retour à Saint-Clair est un coup de théâtre alors que les époux, étrangers l'un à l'autre attendent de ce retour une diversion.

Or ces lettres qui les rapprochent extérieurement, consomment le divorce en accusant le malentendu. Le coup de théâtre se déroule en deux temps : stupéfaction de Bernard à la lecture de la lettre de sa mère, et, parallèlement, indifférence de Thérèse, plus sensible aux rumeurs de la ville, puis jalousie de Thérèse face aux lettres d'Anne et éloignement de Bernard. La répulsion de Thérèse à l'égard de son mari se traduit ici par un regard réifiant*, Bernard se trouvant réduit au jeu du « gilet de cellular », des « bras musculeux » et du cou « rouge cru ». On voit réapparaître comme un thème mineur relié au thème principal, l'image de l'étouffement à travers la « chaleur sulfureuse » et le « soleil enfumé ». Les sensations tactiles et visuelles annoncent le feu intérieur dont Thérèse sera bientôt dévorée. Face au point de vue de Thérèse, apparaît le point de vue de Bernard : sa réprobation se traduit par la distanciation (« ton amie Anne »), la familiarité (« elle va fort »), et un vocabulaire péjoratif (ainsi « amouracher » suggère qu'aux yeux de Bernard cette idylle est sans conséquence). De même que la passion est réduite aux dimensions d'une foucade, Jean Azévédo n'est plus qu'une « espèce de phtisique ». Cependant les points de suspension suggèrent la réaction dubitative de Thérèse déjà tourmentée par la jalousie. Aussi, alors que Bernard exprime son conformisme (« Pourvu que les Deguilhem ne le sachent pas ») et son impatience, Thérèse prend-elle soin de cacher sa souffrance derrière une manifestation d'indépendance (« je ne saurais te les montrer »).

Grâce à son influence sur Anne, Thérèse se trouve paradoxalement investie de la mission de sauver l'honneur familial.

L'expérience de la jalousie

D'abord méditative et songeuse, Thérèse cède à la curiosité. Le verbe « déchirer » traduit la fièvre de la jalousie. La stupéfaction et le dépit s'expriment dans un passage au style indirect libre fondé sur des répétitions (« ce n'était pas cette chère petite idiote » / « ce ne pouvait être » / « ce ne pouvait être »). Les jugements dépréciatifs, les reprises (« car elle avait le cœur sec ») trahissent la jalousie de la femme frustrée face à la « femme possédée », la « chair presque morte de joie ». Dans son dépit et par une sorte de transfert, Thérèse semble même accentuer le contraste en transformant la chaste idylle (cf. chap. VI, p. 85, Jean Azévédo soutenant « qu'il avait su ne pas aller trop loin ») en passion charnelle. Tout le passage se trouve construit sur l'alternance : alternance entre la voix d'Anne de la Trave qui s'exprime à travers ses lettres et les réactions de l'héroïne que le romancier décrit de l'extérieur, pour en accentuer la violence. Le récit isole certains passages des aveux d'Anne, passages significatifs et cruels pour Thérèse. En s'inscrivant en faux contre le conformisme du milieu bourgeois, cet amour semble un défi qui transforme les êtres : Jean Azévédo incarne aux yeux d'Anne un jeune homme libre et sain, digne des attentions d'une jeune fille de bonne famille et Anne elle-même, transfigurée par la passion (« tu ne me reconnaîtrais pas »), apparaît sous un jour nouveau : déterminée, lyrique, et involontairement cruelle. Thérèse n'est pas seulement la confidente, elle devient le témoin privilégié de cet amour (« c'est toi qui as d'avance choisi... »). En soulignant sa ressemblance avec Jean Azévédo, Anne ne peut qu'accentuer le désespoir de Thérèse, confinée au rôle ingrat de la suivante de tragédie. La dernière lettre qui s'achève par un appel au secours s'adresse à l'alliée de toujours placée en position de médiateur et de juge (« j'ai dit que je m'en remettrai à ton jugement »).

Une criminelle potentielle

Mauriac suggère parallèlement l'évolution des sentiments de Thérèse au fil de la lecture. La première réaction est celle de la stupéfaction. Thérèse, médusée par ces lettres n'est plus qu'une créature « étrangère et sans nom », bouleversée par le bonheur d'autrui. À la stupéfaction, succède la violence (« elle jeta sa cigarette, déchira une seconde enveloppe ») soulignée de nouveau par « elle déchira la troisième enveloppe ». La rage s'exprime dans sa hâte et sa brutale indifférence (« elle ne lut pas plus avant ») comme si Thérèse se souciait moins du bonheur d'Anne, que de sa propre souffrance. Le geste superstitieux par lequel elle jette un sort sur Jean Azévédo, en transperçant sa photographie, a une valeur symbolique puisque Thérèse s'apprête à sacrifier l'amour d'Anne pour apaiser sa propre souffrance, premier crime d'une héroïne laissée pour compte. L'image même de Jean Azévédo qui incarne la vigueur (*cf.* la comparaison avec David qui grâce à sa fronde, abat le géant Goliath, *Bible*, Ancien Testament, Premier livre de Samuel 17, 40), l'insouciance et même la sensualité, semble provoquer Thérèse. Rongée par la jalousie, celle-ci devient méconnaissable, toute appliquée à détruire par un maléfice, le bonheur d'autrui. Son sang-froid, sa détermination, semblent annoncer l'attitude ultérieure d'une criminelle potentielle. Lucide, Thérèse voit dans cet acte les prémices du crime (« il y a deux ans déjà »).

Un tête-à-tête conjugal

La dernière soirée du voyage de noces est placée sous le signe du malentendu, Bernard étant convaincu que Thérèse défendra les intérêts de la famille, alors qu'il ne s'agit pour elle que d'une vengeance personnelle. Confiant et naïvement fier de sa femme, il décide d'achever en apothéose le voyage de noces dont il voit, avec soulagement, approcher la fin. Les réflexes du bourgeois économe réapparaissent cependant en même temps que sa mesquinerie (« ça coûterait ce que ça coûterait »). Au silence lourd de sous-entendus de Thérèse s'oppose la volubilité de l'époux casanier à l'approche du retour. Les deux personnages dans le restaurant du Bois font figure de béotiens* (« le service les intimidait », « Bernard n'avait jamais bu de vin du Rhin ») d'autant plus que Bernard n'épargne à Thérèse aucune de ses petitesses. Coupée du reste de la salle, Thérèse est condamnée à la compagnie de Bernard et son isolement se trouve encore souligné par le passage fantomatique des « autos silencieuses ». Le dégoût de Thérèse à l'égard de son mari transparaît de nouveau dans la focalisation du regard (« muscles temporaux », « trop rouge », « beau garçon campagnard ») tandis qu'elle-même s'absorbe dans sa souffrance. La litanie des vœux (« qu'il ne soit plus là », « qu'elle puisse ne pas se forcer » etc...) révèle le désespoir d'une héroïne condamnée à paraître, à jouer la comédie (le verbe « composer » est à ce sujet révélateur) et à assumer sa solitude. Le personnage apparaît ici moins cruel que pathétique. En effet, Thérèse se sent trahie par Anne, trahie par l'Anne présente qui rejoint le monde des autres, des gens heureux, mais trahie aussi par l'Anne passée dont l'amitié était un leurre (« Anne avait toujours appartenu au monde des simples vivants »). À l'Anne rêvée, ce fantôme dont Thérèse chérissait la présence, s'oppose l'Anne réelle que Thérèse n'a jamais connue. Les métaphores géographiques (îles) et spatiales (planètes) donnent la mesure de la solitude de Thérèse. S'il existe, comme l'assure Jean Touzot, une « planète Mauriac », il existe aussi une « planète Thérèse », astre solitaire évoluant dans un monde glacé.

Anne devient le prétexte d'une des seules discussions dans le roman, entre les époux, comme si Thérèse cherchait à mesurer le poids du conformisme et à évaluer ses chances de bonheur. L'aventure d'Anne est pour elle un moyen de tourner en dérision les préjugés de son milieu et de défendre ses propres valeurs car c'est moins de la cause d'Anne de la Trave, que de la sienne qu'il s'agit. Après un instant de sincérité, Thérèse sera contrainte par l'incrédulité de Bernard à reprendre son masque (« je m'amusais, mon chéri ») et à assumer le rôle qui lui est imparti. Condamnée au paradoxe de la provocation, Thérèse n'a aucune chance d'être prise au sérieux par un Bernard soucieux d'éluder toute forme de discussion. Aucune critique n'a de prise sur ce bon bourgeois qui aligne avec assurance les clichés les plus xénophobes.

Exaspérée par l'hypocrisie des grandes familles, Thérèse dénonce les tares avouables (la tuberculose) et les tares honteuses (la syphilis).

Elle stigmatise avec acharnement le rôle du paraître et du qu'en-dira-t-on, la corruption et la déchéance réelles, connues des seuls domestiques. Bernard opte pour le détachement, l'ironie, mais ne peut s'empêcher de mettre en garde Thérèse au nom de la sacro-sainte famille. Soudainement dégrisée, Thérèse découvre sa solitude et son destin. L'image de la cage, déjà apparue dans le chapitre, réapparaît ici, cage qui se confond avec le clan familial. À l'image de l'enfermement (« cage », « barreaux »...) se superpose celle de la prostration qui préfigure la réclusion de Thérèse (« accroupie, le menton aux genoux... »).

Une intimité refusée

Repoussant la tentative de réconciliation amorcée par Bernard dans le taxi, Thérèse rejettera tout aussi violemment les approches de « ce grand corps brûlant », la nuit. Le dégoût augmente à mesure que s'accroît la promiscuité et le poids d'un corps tout à ses instincts (« De nouveau, elle l'écarta »). De réelle, la violence devient imaginaire (« Ah, l'écarter une fois pour toutes »), violence radicale qui mettrait un terme à cette intimité. Éloignée de son époux, Thérèse s'ouvre au monde extérieur et aux signes de la vie, mais, à son regard sévère sur Bernard et à sa distanciation, (soulignée par les démonstratifs « cet homme immobile », « cet homme dans sa vingt-septième année ») se superpose celui, plus indulgent, du romancier, qui décrit un « Adam désarmé et nu ». Faible, vulnérable, Bernard semble une victime offerte tandis que Thérèse, incarnation de « La Femme », se laisse, telle Ève, influencer par l'esprit malin. Dévorée par la jalousie, et par la curiosité, Thérèse découvre à travers les confidences d'Anne, des plaisirs de la chair d'autant plus brûlants qu'ils sont freinés par l'interdit, jamais pleinement assouvis. C'est moins la prudence que la jalousie qui la conduit à déchirer au vent les lettres, dans le même geste destructeur qui l'avait conduit à transpercer la photographie de Jean Azévédo. Exaltée par les sensations qui la rattachent au monde extérieur, elle semble aspirée par le vide et par le rêve de l'anéantissement. L'instinct vital est le plus fort cependant, et Thérèse convertit son désespoir en cruauté : « cette petite idiote, il fallait qu'elle sût que le bonheur n'existait pas ». La détermination du personnage apparaît dans la sécheresse de la narration, toute en parataxe* (« l'aube éclairait » / « elle rejoignit »). Le réveil de la jeune femme coïncide avec une nouvelle phase de son évolution. Décidée à agir, Thérèse se donne le luxe de la bonne conscience (« la famille l'appelait au secours »), abonde dans le sens de Bernard et approuve le projet de mariage d'Anne avec le fils Deguilhem, alliance lucrative qui assurerait à la jeune fille la propriété de terres fertiles plus enviables que les vignes du palus de la famille de la Trave (le « palus » désigne des terres d'alluvions de la Garonne). Convertie momentanément au conformisme de Bernard, Thérèse découvre avec indifférence qu'elle est enceinte et cette indifférence répond à l'insensibilité de Bernard, préoccupé avant tout de l'avenir de son patrimoine. Ainsi l'enfant est-il moins un être chéri que potentiellement, « le maître unique de pins sans nombre ».

Conclusion

Tout entier centré autour du mariage et du voyage de noces, ce chapitre joue un rôle central dans l'économie de l'œuvre. Rôle thématique, puisque s'y trouvent rassemblés tous les grands thèmes du roman (solitude, étouffement sous le poids du conformisme, incommunicabilité...) et rôle dramatique, puisque l'aventure d'Anne de la Trave sert de catalyseur en exacerbant la jalousie de l'héroïne. Dès ce chapitre, Thérèse apparaît comme une criminelle potentielle qui libère en des actes violents une souffrance intériorisée.

CHAPITRE V

RÉSUMÉ

À l'approche de Saint-Clair, Thérèse revoit un autre retour à Saint-Clair, lorsqu'après leur voyage de noces, Bernard et elle étaient venus s'installer dans la maison Desqueyroux. Thérèse avait joué le rôle de médiatrice entre Anne, révoltée contre le clan familial et ses parents, indignés de son idylle avec Jean Azévédo. Thérèse avait convaincu ceux-ci de la nécessité d'emmener Anne en voyage afin qu'elle-même eût les coudées franches avec Jean Azévédo et pût briser leur relation. Tandis que les de la Trave se confortaient dans leur décision au nom de l'intérêt familial, surpris de cette brusque rébellion d'une jeune fille si rangée, Thérèse avait rejoint la brebis galeuse, cantonnée dans le jardin. Anne, désespérée dans sa solitude, s'était confiée à Thérèse, sollicitant son aide pour transmettre des lettres à Jean Azévédo. En échange, elle avait accepté de partir en voyage, d'autant plus qu'elle redoutait le retour imminent du fils Deguilhem (séquence 1).

Le dernier soir, après un repas où le désespoir silencieux d'Anne s'était heurté au conformisme bavard de ses parents, les deux amies s'étaient retrouvées dans le jardin. Là, Thérèse avait répondu à l'aveugle confiance d'Anne en semant cruellement le doute dans son cœur. Dévorée de jalousie et rebutée par une grossesse de plus en plus pesante, Thérèse s'était hypocritement prêtée aux démonstrations d'amitié d'Anne (séquence 2).

COMMENTAIRE

SÉQUENCE 1
(pages 63 à 69)

Retour à Saint-Clair

D'un retour, l'autre. La proximité de la gare de Saint-Clair appelle le souvenir d'un autre retour, celui qui avait suivi le voyage de noces. Précise et rigoureuse, la mémoire de Thérèse retrouve toutes les étapes qui ont précédé le crime, cette « route tortueuse » où a germé le mal. Déjà cependant, Thérèse doute de la bienveillance de Bernard et de sa compréhension. Elle imagine une confession qui serait aussi une psychanalyse, une descente en soi-même au-delà des « défilés » qui obscurcissent la conscience. À la Thérèse présente, se superpose la Thérèse passée, la jeune bourgeoise qui jouait les femmes rangées, déjà hypocrite mais peut-être aussi dupe de sa propre comédie.

Le décor prend parallèlement forme : une vieille maison provinciale « fraîche et sombre » fermée sur elle-même et sur ses secrets, avec un jardin fleuri. À l'obscurité de l'intérieur, s'oppose le flamboiement du jardin (le jaune des héliotropes, le rouge des géraniums et le rose des pétunias), tout comme s'oppose le conformisme étriqué des de la Trave (ainsi le couple est-il « embusqué au fond d'un petit salon ténébreux ») et l'exubérante passion d'Anne (Anne est évoquée en revanche « errant dans ce jardin », aux couleurs de son amour). Thérèse se revoit donnant des conseils à ses beaux-parents, feignant d'embrasser leur cause et prônant le départ d'Anne. Elle se rappelle le conformisme de ses beaux-parents, nourri de clichés (« on ne fait pas d'omelette sans casser des œufs ») et leur bonne conscience. Même l'amour pour une fille chérie qu'ils voyaient dépérir à regret, n'avait pu venir à bout de leurs préjugés.

Les reproches de Mme de la Trave, mère autoritaire et possessive, étaient repris en sourdine par les arguments pseudo-altruistes de son époux (« et quand ce ne serait qu'à cause des malheureux qu'elle mettrait au monde »), tous deux se félicitant de l'absence des Deguilhem qui n'auraient pas vent du scandale. Au point de vue de Thérèse se superpose celui de l'écrivain qui transcrit les échanges chuchotés, les confidences sussurées. Même Thérèse, jugée « paradoxale », n'échappe pas à leurs critiques. Les jugements péremptoires de Mme de la Trave, ses préjugés et sa compassion convenue (« voilà une enfant bien à plaindre »), dessinent un personnage caricatural, moins humain même que son mari, enclin, en vertu de ses souvenirs, à l'indulgence. Découragé sans doute par l'intransigeance de sa femme, le personnage opte pour le silence (« Rien, rien »), renonçant à remettre en cause les valeurs de l'ordre moral.

Le double jeu de Thérèse

Dans le jardin accablé de soleil (cf. le champ lexical du feu, « cendre des allées, prairies sèches et crissantes, odeur des géraniums grillés »),

Thérèse retrouve la jeune fille consumée, elle, par un feu intérieur. À la violence des orages qui éclatent en grêlons, répond la violence de la jalousie qui la dévore. Ainsi toutes ces rencontres sont-elles placées sous le signe du malentendu puisqu'Anne, naïvement confiante se heurte à une Thérèse machiavélique. Thérèse se revoit cherchant à convaincre Anne de partir en voyage et se heurtant à son obstination. Chacune de ses confidences et plus que tout, de maladroits parallèles (« ça te serait-il égal que Bernard fût à Argelouse ou à Paris ? ») creuse l'écart entre les deux amies. La confiance d'Anne, en dépit des obstacles extérieurs, exacerbe la rage de Thérèse qui n'a de cesse d'éveiller le doute en son cœur. Ainsi prend-elle un malin plaisir à lui rappeler l'absence de Jean Azévédo lors de la dernière messe paroissiale, et à s'étonner du silence du jeune homme alors qu'Anne s'empresse de l'excuser et sollicite la complicité de Thérèse (« si tu voulais Thérèse... »). De même Thérèse s'acharne-t-elle à lui rappeler le prochain départ de l'aimé, avec un « ma chérie » assassin (« De toutes façons, il s'en ira, ma chérie »). Elle se délecte du trouble d'Anne et de son désarroi. Dans l'éloignement et la solitude, les serments de Jean Azévédo prennent un contour de plus en plus flou et ne suffisent plus à entretenir la confiance. Désemparée, Anne se raccroche à des paroles toujours plus incertaines tandis que Thérèse suscite ses confidences.

De négociation en négociation, Thérèse finit, en promettant de rencontrer Jean Azévédo et en agitant la menace du retour du fils Deguilhem, par obtenir le départ d'Anne. Elle pousse le zèle jusqu'à célébrer les mérites du fils de famille pourtant chauve et myope ! Le passage est riche en métaphores militaires. Anne, assiégée par ses parents, sera « réduite » grâce à l'intervention de Thérèse, « guêpe » officieuse qui joue les traîtres de service.

SÉQUENCE 2
(pages 69 à 73)

Un dialogue impossible
Le dîner qui suit la reddition d'Anne est placé sous le signe de l'incommunicabilité. Entre les cinq personnages règnent conflits et malentendus. D'un côté se trouve le clan familial avec Mme de la Trave, déjà préoccupée du choix d'un hôtel de villégiature, son mari et Bernard, absorbé dans la mastication de son repas, de l'autre se trouve

Anne, devenue un automate. Entre les deux mondes règne Thérèse, aussi impénétrable aux premiers qu'à la seconde. S'étonnera-t-on dès lors que, dans la suite du drame, Thérèse prenne la place d'Anne, tandis que celle-ci rentre dans le rang ? Le repas est perçu du point de vue de Thérèse, exaspérée par les objurgations de sa belle-mère et la goinfrerie de son mari, fascinée en revanche par la détermination d'Anne et la puissance de son amour (« Rien ni personne pour elle n'existait, hors cet absent »). Son départ imputé aux malaises de la femme enceinte, trahit en fait son irritation et sa rancœur. Aussitôt Mme de la Trave, forte d'une expérience qu'elle juge infaillible, commente ce départ et condamne au passage son abus de cigarettes.

Une amitié armée

La soirée s'achève sur une dernière conversation entre Anne et Thérèse dans le jardin, conversation elle aussi toute en dissonances. Alors qu'Anne écoute avec émotion le son de l'angélus et imagine Jean Azévédo, Thérèse, torturée par la jalousie repousse la tendresse d'une « tête confiante » et guette les signes de souffrance de son amie. La sereine réponse d'Anne (« Non, ce soir, je ne souffre pas ») a le don de l'exaspérer ; aussi s'acharne-t-elle à détruire ce bonheur. Anne paraît déterminée, résolue, aveuglément confiante dans la médiation de Thérèse ; même la perspective du voyage ne peut l'ébranler (« tôt ou tard, je m'abattrai contre son cœur, de cela je suis sûre comme de ma propre vie »). En vain, Thérèse essaie-t-elle d'évoquer d'autres attaches de Jean Azévédo, en particulier des attaches amoureuses, mais elle fait mouche en suggérant la précarité des engagements du jeune homme, donnant à un complément circonstanciel de temps (« en ce moment ») un sens tendancieux. Aussitôt Anne s'émeut et Thérèse se repaît de ses doutes (« elle l'entendait souffrir dans l'ombre mais sans aucune pitié »), trop accablée par sa propre détresse pour s'apitoyer sur elle. Le cœur crucifié, Thérèse imagine le bonheur d'aimer « un certain être auquel on est lié par le cœur », un bonheur qui seul pourrait combler sa solitude. De nouveau, Anne se méprend sur les larmes de Thérèse et attribue à la compassion les larmes que Thérèse verse sur elle-même. Dans un geste filial, elle pose sa tête sur les genoux de Thérèse, découvre les mouvements de son enfant, et réveille involontairement la souffrance de cette maternité refusée. La complicité des deux amies, « enlacées comme naguère », pourtant tout à fait illusoire, suffit à tromper Anne. Thérèse, en revanche, se penche sur elle-même et envisage avec dégoût sa prochaine maternité. L'enfant n'est qu'un « fardeau tressaillant », « une chair informe ». Précise, la mémoire restitue l'atmosphère d'une soirée de fin d'été où la consigne avait été de ne pas allumer, par peur des moustiques. Mais plus que le cadre extérieur, domine le désarroi de l'héroïne que la croissance d'un intrus, d'une « créature inconnue », désespère au point de lui faire formuler une des seules prières du roman (« elle aurait voulu connaître un Dieu... »).

Conclusion

Nettement plus bref que les précédents, ce chapitre est tout entier construit autour de l'idylle d'Anne de la Trave et de Jean Azévédo et du rôle ambigu tenu par Thérèse. L'épisode joue un rôle déterminant dans la mesure où il aide Thérèse à prendre conscience du vide de sa vie et la conduit, par dépit, à détruire le bonheur de son amie. Égoïste, cruelle, jalouse, Thérèse reste malgré tout humaine dans sa quête désespérée du bonheur, alors même qu'elle commet son premier crime, en trompant la confiance d'Anne de la Trave.

CHAPITRE VI

RÉSUMÉ

Le regard de Thérèse se reporte sur les semaines qui suivirent le départ d'Anne de la Trave, et sur la torpeur qui l'envahissait, à l'approche de la délivrance. Elle ressuscite les premiers symptômes de la maladie cardiaque de Bernard et les premiers soins qu'elle lui donnait, partagée entre l'irritation et une fascination morbide. Ainsi analyse-t-elle rétrospectivement ses sentiments distinguant l'exaspération d'une haine qu'elle était alors loin d'éprouver à l'égard de Bernard. Sur l'arrière-plan terne et conformiste des discussions familiales opposant le radicalisme de Larroque, « esprit fort », au conformisme des de la Trave, se détachait sa présence silencieuse (séquence 1).

Dans ce contexte, la rencontre fortuite de Jean Azévédo lors d'une promenade près des palombières, avait fait l'effet d'un coup de tonnerre. Thérèse retrouve l'atmosphère encore pesante de ce mois d'octobre et la fatigue de la femme enceinte. La mémoire dessine les traits vifs et impétueux du jeune homme et ressuscite le premier contact entre Thérèse, porte-parole de la famille outragée, et Azévédo, séducteur désinvolte et résolument anticonformiste. À sa grande surprise, elle avait découvert que Azévédo n'avait jamais aspiré au mariage, trop soucieux de sa liberté pour l'aliéner. À coup de références littéraires, le jeune intellectuel parisien n'avait eu aucune peine à éblouir Thérèse. Fascinée par sa volubilité et son intelligence, celle-ci découvrait pour la première fois un interlocuteur qui lui ouvrait de nouvelles perspectives. Ainsi en avait-elle oublié le souvenir d'Anne de la Trave qui devait être l'objet de leur prochaine entrevue (séquence 2).

COMMENTAIRE

SÉQUENCE 1
(pages 74 à 81)

Premiers malaises de Bernard

Le chapitre s'ouvre par l'évocation de la léthargie de Thérèse, à la fin de sa grossesse, léthargie que rien ne paraît devoir secouer, pas même la perspective de rencontrer Jean Azévédo. À la léthargie s'ajoute l'indifférence, indifférence à l'égard de Tante Clara, indifférence à l'égard de Bernard toujours importun. Ainsi son immobilisme semble préparer le terrain à la révolte, révolte d'autant plus violente qu'elle aura été longuement contenue (*cf.* chap. VIII).

Le récit met l'accent sur la dégradation des rapports entre les époux, parallèlement à la dégradation de la santé de Bernard. Sous une apparente vigueur, Bernard, excessivement nourri, éprouve les premiers symptômes d'une affection cardiaque. Par une suite de métaphores qui intègre l'homme à son cadre naturel (« garçon bâti à chaux et à sable », « un pin planté dans la terre engraissée »), Mauriac suggère la paradoxale fragilité du personnage.

Ainsi le bourgeois sûr de lui qui stigmatisait une « famille de dégéné-rés » (les Azévédo) découvre à son tour les affres de la maladie. Ses réactions inquiètes se heurtent tantôt à la désinvolture de la famille soucieuse de dédramatiser, tantôt à la gravité de Thérèse qui (lucidité ? sadisme ?) surenchérit. Par lâcheté, Bernard repousse les consulta-tions médicales, cherchant vainement auprès de Thérèse un réconfort et Thérèse, insensiblement, s'accoutume à l'idée de la maladie et de la mort. Le valérianate (sel obtenu des racines de valériane et qui a des propriétés antispasmodiques) qu'elle verse dans un verre d'eau, lui fait éprouver sa seconde tentation criminelle (la première se situant dans le chapitre IV, lorsqu'exaspérée de l'intimité conjugale, elle espère « éloi-gner à jamais » Bernard).

L'image de la mort

L'image de la mort se présente sous la forme rassurante et trom-peuse du repos (« rien ne calme, rien n'endort vraiment... »). À ce stade du récit, le crime est envisagé comme une mesure de bienfaisance et non comme un geste diabolique. Les démonstratifs permettent de mesurer l'éloignement de la jeune femme pour « cet homme geignard », « ce grand corps » ainsi que les images réifiantes. Quant à la chasteté et à l'abstinence sexuelle de Bernard, elle est évoquée avec une pointe d'humour rétrospectif (« l'amour lui paraissant, de tous les exercices le plus dangereux pour son cœur »). Les conjoints cohabitent sans jamais se rencontrer, ainsi, de façon tout à fait symbolique, Thérèse s'endort-elle à l'aube au moment même où Bernard s'éveille. Tous deux sem-blent appartenir à deux univers différents avec leurs rites particuliers. Distant de Thérèse, Bernard, en revanche, se rapproche de plus en plus du monde animal qu'il côtoie. Par un processus régressif, le per-sonnage est successivement comparé au paysan fruste puis au chien « friand des restes du garde-manger ». Sa brusquerie, son appétit vorace, son instinct de chasseur le rapprochent des fidèles compa-gnons auxquels, par mimétisme, il finit par ressembler. Le désarroi de Bernard, qui n'est pas dupe de ses bouffées d'énergie, perce sous ses questions (« tu crois aussi ? »), questions rhétoriques qui appellent le réconfort. À l'inverse, Thérèse accentue son inquiétude par un rappel cruel de l'atavisme familial (ainsi la phrase : « ce n'est pas une raison parce que ton père est mort d'une angine de poitrine », qui se présente comme une forme de prétérition*, est-elle particulièrement perfide), et par un discours désabusé sur l'inutilité de la vie.

Sans doute cherche-t-elle moins à désespérer Bernard qu'à ébranler ses préjugés et à provoquer une remise en cause. Peine perdue puisque Bernard, fidèle à sa tactique, choisit l'esquive. Le style indirect libre rend compte du scepticisme de Bernard, convaincu une fois pour toutes que sa femme aligne les paradoxes.

Le cadre familial

Scandée par le défilé des stations de chemin de fer, la mémoire progresse dans le cheminement intérieur. Le nom de Jean Azévédo réveille le souvenir de la rencontre et des sentiments de Thérèse. Pourtant, à la différence du personnage dont Mauriac s'est inspiré pour son héroïne (Madame Canaby, qui avait défrayé la chronique de Bordeaux, en 1905), Thérèse n'est pas une amoureuse transie, coupable d'un crime passionnel. Ainsi la rencontre de Jean Azévédo n'est pas une rencontre sentimentale mais un événement d'ordre intellectuel qui accélère la révolte de Thérèse contre son milieu. Par le jeu de l'anticipation, l'héroïne s'imagine plaidant sa cause auprès de Bernard, cherchant sa vérité, loin des clichés (« il s'imagine qu'un crime .... ne peut être que passionnel »). Lucide et réaliste, elle rejette toute illusion romanesque. Thérèse revoit l'entourage médiocre qui était le sien, entourage sur le fond duquel se détachait un père, habile industriel et politicien résolu. Avec le recul, Thérèse juge objectivement cet homme qu'elle avait cru supérieur, cet « esprit fort » qui se réclamait de Béranger (compositeur (1780-1857) de refrains patriotiques et populaires) et mesure son conformisme. Sa mysoginie, ses préjugés, son emphase d'orateur l'exaspèrent. Dès cette époque pourtant, elle débusquait les clichés et le rappelait ironiquement à la simplicité (la phrase : « Ce n'est pas la peine, nous sommes seuls » peut passer pour un rappel d'*Esther* de Racine lorsqu'à la scène I de l'acte 3, Zarès dit à Aman : « Seigneur, nous sommes seuls, que sert de se flatter ? »). Ainsi revoit-elle des discussions familiales avec les de la Trave, où le camp des radicaux s'opposait à celui des conservateurs.

Derrière les conflits apparents, demeure cependant le consensus autour de la propriété (« l'unique bien de ce monde »), qui relègue les différends politiques et même les positions religieuses à un rang subalterne. Ennemie des « faux-semblants », Thérèse s'interrogeait moins par philantropie que par sagesse, sur la nécessité de « faire la part du feu », et de donner quelques avantages au peuple, afin de désamorcer toute révolte. Ainsi l'héroïne reste-t-elle, malgré son anticonformisme, conditionnée par son milieu, dont elle partage les valeurs et la méconnaissance d'une lutte des classes entre bourgeois et paysans.

SÉQUENCE 2
(pages 81 à 90)

Prélude à la rencontre

Thérèse revoit les circonstances de sa rencontre avec Azévédo : circonstances atmosphériques (une fraîche journée d'automne) et circonstances familiales (absence de Bernard, parti pour la journée, sollicitude de Tante Clara). Dans ce prélude à la rencontre, Mauriac reprend un thème qui lui est cher, la solitude, et qui se trouve modulé sur trois plans : solitude des métayers dont la détresse n'éveille aucune pitié dans le cœur des maîtres, solitude de la vieille infirme elle-même négligée (« Au vrai elle n'aimait que moi qui ne la voyais même pas se mettre à genoux »), solitude de Thérèse concentrée sur elle-même. De même Mauriac réintroduit subrepticement le thème de la potion, de la « drogue » appelée à jouer un rôle central dans le drame. D'emblée la rencontre de Jean Azévédo s'inscrit sous le signe du hasard et peut-être, pour Thérèse, du destin. Par prudence, Thérèse choisit la palombière abandonnée en plein cœur de la forêt, où Anne retrouvait Azévédo. La mémoire dessine les contours de la journée automnale : chaleur tardive du soleil d'octobre, majesté du cadre qui semble hors du temps et hors du monde, fatigue de la jeune femme... Fortuite et informelle, la rencontre ménage une suite de surprises à Thérèse : surprise de rencontrer Azévédo, surprise de le rencontrer seul, surprise enfin d'être cordialement accueillie (« c'était étrange », « je fus étonnée »). Placée sous le signe de la curiosité, la rencontre l'est aussi sous le signe de la reconnaissance, reconnaissance entre pairs. Thérèse reconnaît au premier regard Jean Azévédo, « lui-même (l')avait reconnue ».

Le premier contact

Ressuscité par la mémoire, le portrait de Jean Azévédo est détaillé mais dépourvu de complaisance. Si le jeune homme semble incarner la vitalité, le dynamisme et l'intelligence (« front construit »), il semble symboliser aussi l'immaturité et l'adolescence (« boutons », « paumes moites »). Le regard de Thérèse sur elle-même est tout aussi sévère lorsqu'elle raille son hypocrisie (« je l'accusais de porter le trouble et la division dans un intérieur honorable »). Si, au début, la désinvolture du jeune homme suscite une indignation calculée chez Thérèse (« juchée sur mes grands chevaux, je l'interrompais... »), l'affrontement évolue vite vers la complicité. La franchise du personnage, qui se défend d'avoir « été trop loin » et se félicite d'avoir apporté un peu de rêve à une jeune fille condamnée à l'ennui provincial, séduit Thérèse, de même que les habiles flatteries du jeune homme (« je vous connais de réputation... »). Ainsi Thérèse se prend-elle à l'écouter, fascinée par cette volubilité, et cette audace. En exprimant à haute voix les exigences confuses de Thérèse, le mépris de la vie provinciale, l'aspiration à une vie intellectuelle, le besoin de dépassement (« chaque minute doit apporter sa joie »), Jean Azévédo devient insensiblement un révélateur.

Thérèse révélée à elle-même

Révélée à elle-même, Thérèse traduit par son silence non plus son mépris mais son admiration, une admiration que le regard rétrospectif relativise (« j'étais éblouie : à peu de frais, grand Dieu ! ») par l'ironie. La courtoisie de Jean Azévédo, à mille lieues du Don Juan de province qu'avait imaginé la famille, et son vernis culturel, lui assurent auprès de Thérèse un prestige facile. Ainsi la conversation s'avère-t-elle plus un monologue qu'un dialogue. Même stéréotypé, même doctoral, le discours de Jean Azévédo est pour Thérèse une révélation. Battue sur son propre terrain, Thérèse découvre un esprit plus ouvert que le sien. La référence à René Bazin, chantre du retour à la terre et aux traditions, et à son *Charles de Foucault* (1921) nuance la philosophie nietzschéenne du personnage (« Vivre dangereusement ») et ajoute au culte du surhomme une dimension morale, voire chrétienne. Ainsi le propos du personnage n'est-il qu'une ressucée du discours philosophique et littéraire ambiant, dépourvue de toute originalité. La phrase finale : « aussi loin qu'allait son souvenir, il ne se rappelait pas avoir été pur », semble même un souvenir de Gide. Mauriac la rappelle dans *Commencements d'une vie* (cf. *Œuvres complètes*, publiées chez Arthème Fayard, Tome IV p. 142) et la commente ainsi : « cette confidence est la plus triste que j'aie jamais entendue ».

Plus qu'au fond même du discours, Thérèse semble sensible à la spontanéité et à l'exubérance qui le caractérisent, si éloignée de la réserve et de la méfiance de son entourage.

En définitive, le thème central du roman est bien celui de l'incommunicabilité qui rend les êtres impénétrables les uns aux autres, incapables d'échapper à leur subjectivité. Curieusement Thérèse et Bernard se rejoignent dans leur conformisme puisque l'image agricole (« à la voie ») qui qualifie les stéréotypes intellectuels de Thérèse servira dans le chapitre final à dénoncer les préjugés de Bernard. L'austérité du cadre extérieur (« herbes brûlées », « pauvre terre », « troupeau ») dans une monochromie de gris, ne fait qu'accentuer la magie de ces confidences. Rendus à la plaine et au monde civilisé, les personnages retrouvent leur réserve naturelle (« nous ne trouvâmes plus rien à nous dire ») et une certaine gêne (« j'avais le sentiment qu'il souhaitait d'être seul »). Thérèse prend prétexte de la situation d'Anne de la Trave pour ménager une nouvelle entrevue, alors qu'Azévédo lui paraît tout à coup insaisissable (« il parlait distraitement.. »).

Le regard rétrospectif

Plus que la scène décrite, prime ici le regard rétrospectif de l'héroïne, regard lucide, et regard ironique. Par le biais du style indirect libre, des guillemets et des points de suspension, apparaît la distanciation. Or cette distanciation est double. Elle vise non seulement le discours stéréotypé de Jean Azévédo, mais aussi la naïveté de Thérèse « éblouie à peu de frais ». Cette distanciation permet à l'introspection de se développer. Personnage-fonction, Azévédo n'existe que dans la mesure où il révèle Thérèse à elle-même et où il lui permet, avec le recul du temps, de se comprendre. Ainsi Thérèse ne cesse d'être au centre du discours rétrospectif. Ce qu'elle s'efforce d'apprécier, c'est l'évolution de ses sentiments (de la surprise à la fascination) pour Jean Azévédo et l'impact de cette rencontre : découverte, non pas tant de l'intelligentsia parisienne que du dialogue dans un monde voué au silence. Ainsi son regard rétrospectif se confond-il partiellement avec celui de l'écrivain plus enclin à l'indulgence (notamment lorsque l'héroïne s'interroge sur ses relations avec Bernard).

Conclusion

Ce chapitre joue un rôle essentiel dans le drame. Condamnée à la cohabitation avec un époux qui lui est de plus en plus étranger, Thérèse se renferme sur elle-même jusqu'à ce que la rencontre de Jean Azévédo lui fasse mesurer sa désillusion. Ainsi la jalousie évoquée au chapitre IV change-t-elle de sens : jalousie non plus amoureuse mais intellectuelle, cependant que l'intérêt de Thérèse se déplace d'Anne de la Trave vers Jean Azévédo. Involontairement, le jeune homme joue le rôle de révélateur et attise par ses propos, le feu intérieur de Thérèse.

CHAPITRE VII

RÉSUMÉ

De retour chez elle, Thérèse est accueillie par un Bernard euphorique depuis que le médecin l'a rassuré sur son état de santé. Obnubilée par le souvenir des propos de Jean Azévédo, elle écoute avec indifférence le détail du traitement ordonné, et informe nonchalamment Bernard de sa rencontre avec le jeune homme et de la stratégie adoptée à l'égard d'Anne de la Trave. Le projet d'une lettre de rupture de Jean à Anne sert de prétexte à plusieurs promenades en compagnie d'Azévédo, inconscient du rôle que lui fait jouer Thérèse. Anne abandonnée, la vengeance de Thérèse est assouvie ; aussi écoute-t-elle passionnément le réquisitoire du jeune homme contre la province et son apologie de l'émancipation, au nom de la liberté. Thérèse se rappelle ses timides objections et anticipe sur les réactions de Bernard qui ponctueront son récit : ironie sans doute, scepticisme certainement (séquence 1).

Thérèse revoit la jeune femme solitaire d'Argelouse, d'autant plus séduite par les souriantes maximes du parisien que Bernard, toujours plus fruste, incarnait la médiocrité provinciale. Avide de compréhension, elle recrée, dans la perspective des retrouvailles avec Bernard, le climat des mois de désespérance qui suivirent le départ d'Azévédo. Tous se confondent dans un même souvenir indistinct de torpeur et d'étouffement. Pourtant, une scène se détache, peut-être suscitée par le remords, l'image d'Anne de la Trave, hagarde, cherchant désespérément Jean Azévédo et reprochant à Thérèse son « esprit de famille », alors que Bernard, sec et imperturbable, s'apprête à séquestrer sa sœur, comme il s'apprête sans doute à séquestrer sa femme. Du passé au futur, Thérèse esquisse des rapprochements et reconnaît dans le destin d'Anne, une préfiguration de ce qui l'attend (séquence 2).

SÉQUENCE 1
(pages 91 à 95)

Le retour de Thérèse

Le chapite VII est construit en parallèle avec le chapitre VI. Tous deux constituent une sorte de diptyque puisque le chapitre VI, chapitre de la rencontre se clôt sur la conversation d'Azévédo, alors que le chapitre VII s'ouvre par la « non-conversation » de Bernard. Le retour de Thérèse coïncide avec celui de Bernard, après une consultation médicale à Bordeaux. Après l'échange avec Azévédo, c'est de nouveau l'incommunicabilité. Distraite, Thérèse semble cependant enregistrer le nom de la liqueur de Fowler (du nom du médecin anglais qui préconisa l'usage de l'arsenic dans le traitement de diverses maladies), ordonnée pour le traitement de Bernard. La jeune femme est absente de la conversation, obsédée par le souvenir des propos de Jean Azévédo et de l'évocation de l'intelligentsia parisienne. La métaphore cosmique (« le corps et l'âme orientés vers un autre univers ») rappelle l'image dans le chapitre IV de la « planète » qu'Anne de la Trave a découverte grâce à l'amour. Thérèse médite les paroles d'Azévédo et se laisse séduire par leur vernis philosophique. Pourtant, quand elle se résout à informer Bernard de sa rencontre, elle en tait l'essentiel et se contente d'évoquer l'avenir d'Anne. L'incrédulité de Bernard concernant le désintéressement d'Azévédo la dissuade de plus amples confidences. L'obtuse assurance de Bernard incapable d'imaginer d'autres valeurs que les siennes, son ton condescendant (« tu es encore bien naïve, ma petite ») ont le don d'exaspérer Thérèse.

Une complicité intellectuelle

Thérèse revoit plusieurs promenades avec Jean Azévédo et la complicité qui les unissait. Très vite, la rupture avec Anne de la Trave avait été réglée comme une simple formalité, par une lettre dont Thérèse sentait « toute l'horreur ». Dépourvue de complaisance, l'héroïne souligne sa cruauté et sa duplicité puisque Jean Azévédo ne mesure pas la dureté de sa lettre. La mémoire privilégie cependant le souvenir des conversations enivrantes sur l'émancipation. En exprimant explicitement les sentiments confus de Thérèse, Azévédo joue le rôle de révélateur. Pourtant cette maïeutique (« art d'accoucher les esprits ») n'est pas dépourvue d'ambiguïté et Thérèse n'exclut pas d'avoir été quelque peu manipulée par un jeune homme ivre de son influence et de son prestige (« Prononçait-il de telles paroles avec intention ? »). De même relativise-t-elle sa propre importance (« il adorait en moi son unique auditoire »). Le regard critique évalue avec le recul, la fatuité et l'inconsistance du personnage. Par le biais de la conversation, le thème de l'enfermement réapparaît ici sous la forme de l'enlisement, image éloquente dans un pays de marécages. Le thème du paria rejeté du clan familial (« quelqu'un s'est débattu, a disparu ») reprend de façon plus générale le cas emblématique de la grand-mère Bellade évoquée au chapitre I et dont le souvenir a été gommé de la mémoire familiale. À la famille, Azévédo répond par l'individu ; au conformisme, par la destinée particulière. Ainsi le personnage suscite-t-il d'autant plus aisément l'enthousiasme de Thérèse (« Ah oui ! m'écriai-je »), qu'il est aux antipodes de Bernard. Thérèse se remémore ses objections et les clichés (une ressucée de ses cours de philosophie) qu'elle opposait aux propos de Jean Azévédo. Ainsi l'ironie rétrospective n'épargne personne : ni Bernard (« peut-être faudra-t-il développer pour Bernard »), ni Azévédo (dont les « pauvres sophismes » mettent sur le même plan l'hédonisme des uns et le mysticisme des autres), ni Thérèse elle-même. Préparant sa défense, Thérèse cherche surtout à ressusciter le désarroi d'une jeune femme livrée à elle-même.

SÉQUENCE 2
(pages 95 à 101)

Variation autour d'un thème : le silence

À la complicité avec Jean Azévédo s'oppose l'incommunicabilité avec Bernard, un Bernard tout au plaisir égoïste de la chasse (le choix du patois souligne encore davantage son ancrage provincial), du repas et de la lecture du journal, allant même, par un geste symbolique, jusqu'à tourner le dos à sa femme. En l'absence de tout dialogue, Thérèse doit se contenter de ses ronflements et s'habituer au silence. Le terme revient à trois reprises en l'espace de quelques lignes : thème musical sur lequel Mauriac improvise une variation : « Et c'était le silence » est repris par « le silence d'Argelouse », lui-même développé par « ce qu'est le silence ». Concrétisé et même personnifié par une suite d'images végétales ou animales, il semble une présence hostile, comme en témoignera une nouvelle évocation au chapitre XI, où le silence d'Arge-louse est opposé à la plainte « humaine » des pins. Le thème sert même de transition dans l'évocation du départ de Jean Azévédo et se voit souligné par la prolepse (« je l'ai connu, ce silence »), avant d'être repris ensuite par « il n'en pouvait plus de silence », lui-même complété par la détermination « du silence d'Argelouse ». Le jeune homme apparaît ainsi comme un dieu tutélaire protégeant Thérèse des « ténèbres extérieures », personnage dont le seul départ livre l'héroïne à l'ennui et à la mort. Les différentes images (« tunnel indéfini », « ombre », « asphyxie ») suggèrent la mort psychologique, voire la mort physique.

Une scène préfiguratrice

Le souvenir du départ de Jean Azévédo amène inéluctablement celui du retour d'Anne. En vain, Thérèse cherche-t-elle à esquiver une « piste qui ne mène à rien », la conscience ou peut-être l'intuition de son propre destin, lui interdisent tout faux-fuyant. Ainsi, Thérèse doit-elle assumer la responsabilité de ce premier « crime », (dans l'ébauche de *Thérèse Desqueyroux, Conscience, instinct divin*, Thérèse était même responsable de la mort d'Anne de la Trave) par lequel elle a immolé un amour à sa jalousie. Thérèse reconstitue l'atmosphère somnolente d'un soir d'octobre où elle meublait sa solitude en imagi-nant Azévédo à Paris, peuplant son désert de lieux et de personnages fantasmatiques, au moment même de l'arrivée intempestive d'Anne. Elle se rappelle la voix exténuée, la silhouette décomposée après une journée de voyage, la fièvre de sa belle-sœur (dont les « yeux brillaient ») et sa propre stupeur. Stupeur devant la puissance de cet amour, l'aveugle confiance qu'elle avait vainement cherchée à éteindre, stu-peur aussi devant sa propre légèreté (« ils avaient cru cette affaire finie »). La détermination de la jeune fille, animée, dans sa course éperdue, par la passion, la surprend d'autant plus qu'Anne a toujours joué les jeunes filles soumises. Toutes deux semblent échanger leur rôle puisque Thérèse désormais passe, aux yeux d'Anne, pour la garante de la famille (« Ah ! tu l'as bien, toi, l'esprit de famille ! »). La mémoire opère un glissement du point de vue de Thérèse au point de vue d'Anne, dont Thérèse se rappelle le récit.

La fuite nocturne d'Anne, suivie de Thérèse, vers Vilméjà semble une version profane de la visite au tombeau. Après une marche dans la brume, les jeunes femmes découvrent « la maison non pas endor-mie mais morte ». La métaphore est filée au long du paragraphe puisque Mauriac évoque ensuite « le sépulcre vide » et « le fantôme léger » d'Anne. Toute la scène semble plongée dans une semi-irréalité puisqu'Anne « glisse sur le seuil » et dérobe sa figure ; à l'inverse, Thérèse est beaucoup plus entreprenante (« Thérèse la relève, l'entraîne »). La scène prend son sens final avec le retour des jeunes femmes à Argelouse et la colère de Bernard. L'insensibilité de Bernard à l'égard d'Anne semble annoncer son attitude à l'égard de Thérèse (« cet homme capable de prendre rudement .... c'est ton mari, Thérèse, il sera ton juge »). Ainsi, c'est moins le remords que l'appréhension qui réveille le souvenir du retour d'Anne. Mesurant le poids du conformisme de Bernard et de ses préjugés, Thérèse soudain résignée, renonce à préparer sa défense.

Conclusion

Placé, ainsi que le chapitre VI au cœur du roman, ce chapitre joue un rôle central dans le drame et se développe en deux temps. Dans sa première partie, il constitue une suite logique de la rencontre de Jean Azévédo, dans sa seconde partie, en revanche, il se montre prospectif, l'épisode d'Anne de la Trave et de sa séquestration, assumant un rôle préfigurateur. Ainsi Thérèse semble-t-elle osciller entre l'analyse rétrospective et l'anticipation, mais entre l'introspection et l'appréhension, il n'y a encore place ni pour le regret, ni, *a fortiori*, pour le remords.

CHAPITRE VIII

RÉSUMÉ

Le chapitre couvre les mois qui séparent le départ de Jean Azévédo du crime de Thérèse. L'héroïne retrouve l'atmosphère d'ennui et de désœuvrement de ces semaines interminables et la pesante sollicitude d'une famille uniquement préoccupée par sa future progéniture. Son déménagement à Saint-Clair pour des raisons de commodité ne lui vaut d'autre compagnie que celle d'Anne de la Trave, toujours muette, ou celle du nouveau prêtre de la paroisse jugé trop fier par les Desqueyroux. Elle revoit sa solitude au lendemain de la naissance de Marie et son exaspération face aux félicitations convenues. Alors que Thérèse perçoit sa fille comme une étrangère qui aliène encore davantage sa liberté, Anne rentre dans le rang et veille sur l'enfant (séquence 1).

La mémoire isole, sur le fond d'un été accablant, le souvenir d'une procession où Bernard avait manifesté son sens du devoir, puis vient le souvenir déterminant de l'incendie de Mano et du silence criminel de Thérèse, alors que Bernard doublait la dose habituelle de Fowler. Soucieuse de traquer la vérité, Thérèse n'épargne aucun détail des scènes qui suivirent et se juge sans indulgence. Elle reconnaît sa culpabilité mais cherche à comprendre le passage de « la curiosité un peu dangereuse », à la criminalité ; ainsi analyse-t-elle la genèse d'un crime né des circonstances mais fortifié par sa complaisance (séquence 2).

À mesure qu'elle s'approche de Saint-Clair, Thérèse se rapproche du moment présent, sa mémoire embrasse d'un seul coup d'œil les quatre mois de la maladie de Bernard, son dévouement apparent et son réel acharnement. Il avait fallu, au mois de décembre, la consultation d'un grand médecin de Bordeaux, et la vigilance du pharmacien, inquiet de délivrer une forte dose de toxiques pour que Bernard fût hospitalisé et Thérèse soupçonnée. Le chapitre se clôt sur une conversation entre Thérèse et son père, un père moins soucieux de la culpabilité de sa fille que de l'avenir de sa carrière, la conjurant de se disculper pour éviter le scandale (séquence 3).

SÉQUENCE 1
(pages 102 à 110)

L'ennui

Le thème central du chapitre est, une fois encore, le thème de la solitude, ici la solitude de Thérèse après le départ d'Azévédo et celui d'Anne pour Saint-Clair. Le thème est relayé par celui du « silence » : silence de la nature et silence des hommes puisque Thérèse n'a aucune nouvelle de Jean Azévédo. Thérèse s'irrite rétrospectivement du manque de perspicacité du jeune homme qui s'était contenté de faux-semblants (« que pouvait-il comprendre à cette simplicité trompeuse.. »), sans parvenir, lui non plus, à découvrir son vrai visage. La déception qui suit la lecture des ouvrages prônés par Azévédo achève de la détacher de son initiateur. De même, le fossé se creuse avec la famille Desqueyroux, effervescente à l'approche de la naissance, alors même que Thérèse ne rêve que de liberté et d'émancipation (« jamais elle n'avait désiré si ardemment de vivre »). Au désarroi de Thérèse répond la tristesse de l'atmosphère extérieure (la pluie renvoie, avec ses « millions de barreaux mouvants », au thème de la cage évoqué au chapitre IV). De même le dépouillement des arbres de Saint-Clair semble refléter le vide intérieur d'un personnage lui-même dévasté. Loin d'atténuer la solitude du personnage, l'arrivée à Saint-Clair ne fait que l'accentuer. Privée de la compagnie de tante Clara qui s'efforçait de gâter sa nièce, Thérèse découvre avec Anne non plus une sourde, mais une muette dont elle méprise en outre la lâcheté (« Ah ! Jean l'avait bien jugée : il n'avait pas fallu longtemps pour lui passer la bride »). La maison elle-même est « à peine moins ténébreuse que celle d'Argelouse » et les conversations tout aussi oiseuses. Indifférente à la religion, Thérèse est cependant intriguée par la personnalité du prêtre qui, marginal comme elle, assume sa solitude. Derrière les « tempes blanches », le « haut front », elle tente de deviner le mystère d'une vie toute spirituelle. Sans doute éprouve-t-elle aussi un sentiment de fraternité à l'égard du nouveau venu qui éveille les critiques des bienpensants (« pour les œuvres, il laisse tout tomber »).

La maternité

Avant même de s'accomplir, la maternité est vécue comme une aliénation. Instrumentalisée, traitée à l'égal d'une nourrice, voire d'un « réceptacle », Thérèse perd toute existence singulière.

La naissance de Marie aggrave son isolement en la condamnant au silence. L'absence de toute scène, de tout exutoire, manifeste l'incommunicabilité entre les époux, qui évoluent sur des planètes différentes. Le passage semble tout entier construit sur le mode de la négation et du non-être (« Rien n'en paraissait à l'extérieur », « aucune scène », « ... qu'il n'y eût pas une raison de rupture », « Thérèse ne rencontrait jamais Bernard »). Le langage lui-même semble équivoque et comme truqué (« Avaient-ils seulement un vocabulaire commun ? Ils donnaient aux mots essentiels un sens différent »). Thérèse est condamnée à l'hypocrisie au sein d'une famille qui s'obstine à ne pas la comprendre et à préférer l'esquive (la phrase de Mme de la Trave : « Je fais semblant de ne pas entendre » est révélatrice de l'ambiguïté des relations familiales).

Le rejet de Marie exprime chez Thérèse le refus de toute attache familiale, de tout lien avec un milieu bourgeois qu'elle déteste. Il s'agit aussi pour elle de proclamer sa singularité et son individualité, en refusant de n'être qu'une génitrice (« cette enfant n'a rien de moi »). La naissance de l'enfant creuse aussi la distance entre Thérèse et Anne de la Trave. À mesure que Thérèse se détache davantage de son milieu, Anne semble rentrer dans le rang et se conformer au moule familial. Mauriac lui-même souligne, au-delà de la tendresse, la part de conformisme de son attitude (comme en témoigne la remarque « toujours un berceau attire les femmes », et la place de l'adverbe antéposé). Les relations entre les jeunes femmes semblent elles aussi contaminées par l'hypocrisie ambiante. Si rien ne subsiste de la « tendresse ancienne », rien ne subsiste non plus de leur conflit ouvert. Ainsi se contentent-elles de faux-semblants (Anne « avait fait la paix avec Thérèse »). L'affection de Marie pour Anne suffit à montrer comment l'enfant, dès les premières semaines, est absorbée et phagocytée par le clan Desqueyroux alors même que Thérèse est condamnée à la solitude. Les images physiques (« elle apercevait les êtres et les choses et son propre corps et son esprit même ainsi qu'un mirage, une vapeur ») soulignent l'extranéité du personnage, étranger aux autres et étranger à lui-même. La multiplication des conjonctions de coordination souligne le sentiment d'irréalité, de même que les images évanescentes, en totale opposition avec l'impression de pesanteur due à la présence de Bernard (« une réalité affreuse : sa corpulence, sa voix du nez, et ce ton péremptoire »). Le désespoir de Thérèse apparaît dans les questions sans réponse qu'elle formule, et dans les rêves indécis qu'elle ébauche (« sortir du monde... Mais comment ? et où aller ? »). Le personnage semble anesthésié par l'ennui et paralysé par la torpeur. La mémoire elle-même peine à retrouver quelques souvenirs qui émergent de l'enlisement général (« que se passa-t-il cette année là ? ») et d'un vide existentiel. Un incident pourtant suffit à rappeler au lecteur que cette léthargie est trompeuse et qu'elle cache une rage sous-jacente. Aussi faut-il lire l'épisode de la procession de la Fête-Dieu comme un avertissement qui manifeste l'exaspération de Thérèse face à la piété bien pensante de Bernard.

SÉQUENCE 2
(pages 110 à 114)

Le crime

Pour camper cette scène cruciale du drame, Mauriac recrée avant tout une atmosphère, un climat extérieur qui renvoie métaphoriquement à l'état d'âme du personnage. L'image du feu gouverne ainsi tout le chapitre, un feu destructeur mais aussi, aux yeux de Thérèse, purificateur. Ce thème serait, selon Jean Touzot, dans *La Planète Mauriac*, le symbole même de « la démarcation » qu'il observe dans le roman, cet usage d'une « image primordiale qui ouvre et ferme un fragment romanesque en assurant la cohésion entre différents plans du récit (dialogue, monologue, description...) ». Ce feu est évoqué tout d'abord par « la terreur de l'incendie », puis par l'image des cinq cents hectares qui ont « brûlé du côté de Louchats » et du ciel « inaltérable » refusant la pluie. Ce feu suscite d'un côté la terreur (ainsi de Bernard, menacé dans ses terres) ou la fascination (« Thérèse attendait, elle ne savait quoi... »). L'image se trouve reprise ensuite par le rêve incendiaire de Thérèse (que l'on trouvait déjà au chapitre IV : « elle allait couver pareille à un feu sournois »), et dont on observe une nouvelle récurrence au chapitre XII, lorsque Thérèse s'apprête à revoir sa famille en compagnie du fiancé d'Anne (« ...et comme elle fût revenue dans une lande incendiée par elle... »). Ce rêve nourrit une vision d'apocalypse (« un jour toute la forêt crépiterait alentour et le bourg même ne serait pas épargné »), rêve d'un châtiment universel, d'un *dies irae* qui purifierait le monde et en chasserait l'espèce humaine. Ainsi son amour des pins qu'elle se refuse à sacrifier, semble-t-il le négatif de sa haine des hommes.

Un espace blanc sépare ce paragraphe du suivant dans lequel Thérèse ressuscite les circonstances du crime, comme si le personnage hésitait au moment d'affronter sa vérité, mais l'unité est préservée grâce à la reprise du thème du feu. Il apparaît de nouveau avec « le grand incendie de Mano », sur le fond duquel se détache l'affolement des personnages (« Des hommes entraient... les uns assuraient... d'autres insistaient... »). Dans l'effervescence générale, Thérèse semble apathique, toute à ses sensations (l'odorat avec la « résine brûlée », le toucher avec « le jour torride »). Ainsi semble-t-elle surtout passive face à Bernard qui oublie de compter ses gouttes de Fowler et coupable avant tout d'indolence (« Il avala d'un coup le remède sans qu'abrutie de chaleur, Thérèse ait songé à l'avertir qu'il a doublé sa dose habituelle »), premier pas vers un crime qui ne prend corps que progressivement. La prostration du personnage apparaît aussi dans la triade d'adjectifs qui consacrent sa solitude « indifférente, étrangère à cette agitation, désintéressée de ce drame ». La deuxième étape du crime coïncide avec le retour de Bernard et le silence de Thérèse à sa question, un silence dont l'héroïne cherche rétrospectivement la raison : « elle s'est tue par paresse, sans doute, par fatigue. » Pourtant la locution adverbiale « sans doute » introduit dans le tissu des observations objectives, le trouble de la conscience face à elle-même. C'est pourquoi Thérèse condamne sans complaisance son nouveau silence avec le docteur Pédemay et met un étrange acharnement à s'accabler (« il eût été pourtant facile », « elle aurait pu trouver une phrase... ») et à repérer dans sa réserve, le germe du crime. Mauriac excelle à suggérer le clair-obscur de l'âme et l'ambiguïté des intentions entre conscience et inconscient, mais il ne laisse place à aucune interprétation freudienne et opte pour la responsabilité du personnage. La fascination pour le crime se manifeste dans une troisième étape par la curiosité mêlée d'effroi de Thérèse (*cf.* la formule elliptique « cela » qui désigne la liqueur de Fowler). Dès lors, le personnage veut surtout accomplir une expérience et assouvir un besoin (« il s'agissait d'une curiosité un peu dangereuse »), ce qui le conduit à passer à l'acte dans une quatrième et déterminante étape (« une seule fois et ce sera fini »).

Thérèse démasquée

À l'approche de Saint-Clair, Thérèse envisage globalement les suites de son acte et revoit en accéléré, l'atmosphère des mois suivants. L'image du vertige (« elle a été aspirée par le crime ») suggère l'acharnement du personnage qui répète le même geste criminel tout en jouant les garde-malades. Le point de vue adopté ici est moins celui de Thérèse que celui de Bernard dont l'héroïne épouse le regard (« ce qui a suivi, Bernard le connaît aussi bien qu'elle-même ») ; ainsi, à aucun moment, Thérèse ne souligne sa culpabilité ; tout au plus se contente-t-elle de juxtaposer les observations et de suggérer, par les plus troublantes coïncidences, sa responsabilité. Ainsi se rappelle-t-elle que « Pédemay de lui-même souhaita l'avis d'un de ses confrères », pour enchaîner : « Heureusement, dès le lendemain, l'état de Bernard s'améliorait ». Ces ellipses successives permettent d'adopter un regard plus extérieur, le regard des intimes observant la jeune femme qui se dépense pour « deux malades, un enfant... » et de maintenir une certaine ambiguïté. Cette agitation physique semble un exutoire indispensable à l'effervescence intérieure du personnage. Après des mois de prostration et d'apathie, l'héroïne éprouve une fièvre dévorante, comme si la mort de Bernard devenait la condition de sa liberté.

La mémoire aborde enfin l'étape finale et la découverte de la culpabilité à la suite d'une crise particulièrement alarmante. Après le feu, une autre métaphore, elle aussi récurrente dans le roman, donne la clé du chapitre, la métaphore de la chasse et du gibier. « Bête tapie », Thérèse se voit en proie à la « meute ». La mémoire oscille entre l'itératif* (la répétition des mêmes épisodes sur un fond monotone) et le singulatif* (la mise en valeur de quelques rares scènes déterminantes) ; ainsi, après l'hospitalisation de Bernard, Thérèse revoit l'arrivée de son père, affolé par la perspective du scandale et soucieux de sauver les apparences. Le politicien opportuniste est plus préoccupé de son avenir aux élections sénatoriales que de la situation de sa fille. Une fois de plus, l'essentiel (la culpabilité de Thérèse et les mobiles du crime) est éludé, comme si, même en famille, l'on craignait les vérités trop crues. L'absence de toute lampe est hautement symbolique des relations qu'entretiennent les deux personnages, obscurs et impénétrables l'un à l'autre. L'exaspération du père qui a classé sa fille dans la catégorie des pécheresses irrécupérables (« malheureuse ») et l'affolement de la tante Clara ne suscitent aucune réaction chez le personnage, une fois de plus retranché derrière le masque du sourire (« elle avait trouvé la force de sourire à sa tante ») et toujours aussi impénétrable.

Conclusion

Dernier chapitre inclus dans le retour en arrière amorcé au chapitre II, ce passage est le plus intensément dramatique du roman (au sens étymologique du terme, *drama* signifiant en grec, l'action). Dans ce récit d'atmosphère, cette longue introspection où dominent silence et léthargie, il fait figure d'exception. Pourtant là encore, l'action (évoquée minutieusement et progressivement) semble secondaire par rapport à l'analyse psychologique. Ainsi le crime s'efface-t-il devant la criminelle. Pour ce chapitre, comme pour les autres, on ne peut que souscrire à l'observation de Jean Touzot (*op. cit.*) : « certains romans de Mauriac se construisent par chapitres qui forment une unité, bien qu'ils comportent plusieurs foyers de narration, des plans différents, et qu'ils exploitent le procédé du retour en arrière, tout en suivant le déroulement d'une action en cours. »

CHAPITRE IX

À l'arrivée à Saint-Clair, Thérèse descendue du train rejoint la carriole qui doit la mener à Argelouse. Soudain dégrisée, elle renonce à préparer sa défense et se laisse aller aux cahots de la route. Le chemin familier éveille en elle le souvenir de l'adolescence insouciante puis celui des rencontres avec Jean Azévédo lorsqu'elle caressait l'espoir d'échapper à sa solitude. Elle mesure alors « l'inutilité de sa vie » et renonce à espérer de Bernard un quelconque geste de compréhension (séquence 1).

Son arrivée à Argelouse en compagnie de Balionte vient justifier son appréhension, car si tante Clara manifeste sa joie, Bernard n'exprime que son soulagement à l'égard du non-lieu. À la volubilité de la vieille sourde, s'opposent le silence et la gêne du couple. Définitivement désabusée, Thérèse retrouve un étranger incapable de la comprendre et d'écouter sa confession. Elle espère encore pouvoir disparaître quand Bernard, l'interrompant, lui fait connaître sa décision. Face à ce fantoche qui ânonne des phrases préparées d'avance, Thérèse n'éprouve plus que dégoût et exaspération, allant jusqu'à défier son juge. Prêt au chantage et fort de son culte de la famille, Bernard impose à Thérèse une réclusion qui, en sauvegardant les apparences, le protègera de ses desseins criminels. Séquestrée, Thérèse sera aussi séparée de sa fille puisqu'elle pourrait réitérer avec Marie un crime supposé crapuleux. Ivre de son pouvoir, Bernard savoure sa victoire en s'applaudissant de sa modération, alors que Thérèse écoute en silence sa condamnation et contemple sa nouvelle prison. Prise au piège, elle ne peut espérer ni en une fuite qui l'exclurait définitivement du clan familial, ni en l'appui d'un père, soucieux d'étouffer le scandale. Pénétré de son importance, Bernard quitte le salon, en entraînant de force la vieille tante Clara qui attend sur l'escalier la sortie de sa nièce, puis roule, le cœur léger, une cigarette (séquence 2).

COMMENTAIRE

SÉQUENCE 1
(pages 119 à 121)

Une « via crucis »

Le chapitre IX marque la fin du périple de Thérèse, et, parallèlement, la fin du mouvement rétrospectif. La narration sobre, presque sèche, suit les pas d'une héroïne fantomatique (« Thérèse ne fut pas reconnue », « elle avait contourné la gare ») qui erre de place en place. Au point de vue du romancier omniscient, se superpose, par un glissement, celui de l'héroïne (« cette carriole ... lui est un refuge ... rien à dire pour sa défense ») prête à affronter son juge. Rejetée des hommes, Thérèse cherche dans la nature un secours contre sa solitude. La construction parataxique des phrases, de même qu'une série de négatives (« rien ne reste », « rien à dire ») accusent le détachement de l'héroïne à l'égard de sa confession. Ainsi la suite d'indépendantes (« cette nuit passera » ... « le soleil se lèvera » ... « elle est assurée ») exprime sa soudaine indifférence. Étrangère aux autres et étrangère à elle-même, Thérèse semble puiser un amer réconfort dans sa détresse (« rien ne peut arriver de pire »), alors même que se dessine son châtiment (ainsi l'oxymore* « la mort dans la vie » qui évoque sa situation présente préfigure aussi la réclusion qui lui sera imposée). Elle reporte son attention sur le paysage extérieur, cadre familier qui salue son retour. La nature semble douée de plus d'humanité que les hommes et les maisons elles-mêmes semblent animées (elles ressemblent « à des bêtes couchées »).

À l'opposé d'un passé radieux, le présent est jugé sans espoir ; aussi Thérèse, prostrée, se livre-t-elle à une litanie de regrets. Les quatre images exploitent toutes la modalité négative (inutile – néant – sans bornes – sans issue) et cette déploration s'accompagne d'un mélancolique espoir (« s'il ouvrait les bras pourtant... »). Les exclamatives trahissent une héroïne moins résignée qu'elle ne le prétend, une écorchée vive qui aspire à un impossible dialogue.

SÉQUENCE 2
(pages 121 à 134)

Les retrouvailles

Le moment des retrouvailles est brutalement amorcé par le présentatif (« Voici Monsieur et Mademoiselle Clara ») et le lecteur passe sans transition de la méditation intérieure au récit événementiel. La sécheresse du premier échange, de même que la présence symbolique de tante Clara entre les époux, donne le ton des retrouvailles. Au silence du couple s'oppose la volubilité de tante Clara qui s'en prend naïvement aux conservateurs et retrouve les réflexes d'une radicale convaincue. L'entrée solennelle du couple dans le salon, au lieu des gestes familiers, semble inquiéter la vieille femme qui veille maternellement sur sa nièce, et appréhende un danger insaisissable. « Emmurée vivante » dans sa surdité, elle est une image du destin de Thérèse. À la solennité d'un Bernard compassé qui déplace la lampe comme s'il montait une mise en scène, s'oppose la nonchalance de Thérèse qui rejette de façon informelle son manteau et sa toque. Son sourire énigmatique induit en erreur tante Clara qui épie la scène et se croit à tort rassurée. Or le sourire de Thérèse est un sourire d'ironie : ironie à l'égard de Bernard mais ironie aussi à l'égard de sa propre naïveté. Son mépris perce dans le regard distant qui embrasse « cet homme » au moment où Thérèse mesure la vanité de ses illusions. La cruauté de la déception après l'espoir (« un Bernard capable de la comprendre » est même nuancé par le complément « d'essayer de la comprendre ») fait ressortir l'égoïsme foncier de son époux, ce seul défaut que le romancier juge impardonnable.

Le désarroi de Thérèse s'oppose à l'assurance de Bernard (« il arpentait », « il ne regardait pas sa femme, tout plein des paroles... »), à sa fermeté de fantoche qui s'exprime dans des gestes saccadés et des propos péremptoires. L'humble prière de Thérèse qui est prête à fuir et à assumer sa condition de marginale, ne sera pas même écoutée. Alors que Thérèse reconnaît sa complicité avec la nature, avec ces « ténèbres » qui habitent cette terre désolée qui est la sienne, elle est brutalement interrompue par Bernard. Or la réclusion, motivée chez Bernard par le souci du scandale et de la famille, rejoint l'optique chrétienne du romancier qui ménage ainsi dans l'œuvre, un temps pour le rachat et l'expiation.

L'affrontement

Quelle que soit cependant la signification que l'écrivain accorde au châtiment de l'héroïne, il n'hésite pas à adopter pleinement son point de vue lors de l'affrontement qui l'oppose à Bernard. D'emblée le mari, déguisé en avocat général, apparaît grotesque. Son ton péremptoire, son visage contracté, ses gestes compassés trahissent le ridicule. Mauriac épouse alors le regard de Thérèse, de plus en plus sévère (« il est grotesque » est repris par « c'est un grotesque », qui fait d'une attitude ponctuelle, une caractéristique constante) ; ainsi l'exaspération coupe toute voie au remords (« cela n'aurait eu aucune importance que cet imbécile disparût du nombre des vivants »). La condamnation sans appel de ce médiocre la conduit à rejeter les valeurs de sa classe et de son milieu et à rallier paradoxalement les thèses révolutionnaires, excès que Mauriac suggère avec une pointe d'ironie. Pourtant, la focalisation du regard sur « les ongles mal tenus », « les poignets sans manchettes », en réifiant Bernard, accentue son ridicule, et le fait paraître sous un jour d'autant plus odieux qu'il tourne au despote. Face aux sarcasmes de sa femme, il adopte un ton comminatoire et profère des menaces de chantage (« on peut toujours découvrir un fait nouveau ») qui ont raison de son ironie. Privée de la seule arme qui lui reste, de la moquerie, Thérèse ne cache plus sa blessure et amorce un dialogue (« Je vous fais peur, Bernard ? ») que son mari s'empresse d'écourter (« Faisons vite »).

Au fil du discours, Bernard reprend son assurance, comme soutenu par le leitmotiv de la famille (« la famille compte seule », « l'intérêt de la famille », « il importe pour la famille ») et s'érige en juge implacable pour dicter sa sentence. La précision des consignes ne laisse aucune place au doute, ni, *a fortiori*, à la discussion. Tout le discours est à la modalité impérative (impératif : « Faisons vite » ; verbes de volonté : « Je ne veux pas » ; tournures impersonnelles : « il faut que » ; futurs normatifs : « nous quitterons »). Les rares questions de Thérèse n'éveillent aucun trouble chez Bernard et suscitent même des railleries (« vous n'espériez tout de même pas qu'on allait vous la laisser ») et des sous-entendus d'autant plus odieux (le crime de Thérèse n'étant plus qu'un sordide crime crapuleux) que, comme l'avouera Bernard au chapitre XIII, ils ne sont pas sincères. Ainsi s'agit-il pour le bourgeois conformiste non de découvrir la vérité, mais de proclamer sa vérité et de choisir la solution la plus rassurante pour son amour-propre. Soucieux de garder l'avantage, Bernard évite soigneusement de laisser la parole à Thérèse. À peine a-t-il lancé « je vous défie de m'indiquer... », qu'il enchaîne « au reste, c'est sans importance », éludant ainsi toute discussion. L'unique préoccupation du personnage reste la réputation familiale (« ce qui existe, c'est le nom que vous portez »), réputation au nom de laquelle il nie à Thérèse toute existence individuelle. Sa stratégie consiste à ménager les intérêts des Desqueyroux en sauvant les apparences, mais Thérèse n'est plus qu'un pion dans un jeu qui lui échappe (« Vous resterez ici. Vous serez neurasthénique, ou autre chose... »).

La reddition

À la jubilation de Bernard, s'oppose la consternation de Thérèse qui tourne le dos à son juge, comme si elle désespérait de tout dialogue. La fenêtre délimite, comme plus tard au chapitre XI, l'espace de réclusion, mais à l'écran de la vitre répond l'écran du « grillage » et enfin l'écran des chênes et des pins. Même agrandi, l'espace reste clos et la personnification de la nature accentue son caractère hostile (« armée ennemie »). L'image de la plainte sourde des pins est reprise par celle de la langueur et de la suffocation de la prisonnière. La phrase s'allonge et suggère par ses nasales (plainte, languir, durant, témoins, étouffement, lent) la lenteur d'une agonie. Effarée par le châtiment que lui impose Bernard, Thérèse relance l'offensive, mi-ironique, mi-agressive, pour échapper à son bourreau. La seule alternative offerte à la brebis galeuse est le choix entre l'exclusion (« en la rejetant, en la reniant à la face des hommes ») et la réclusion. Progressivement, Thérèse s'effondre, sa voix s'affaiblit avant de s'éteindre tout à fait. Bernard, quant à lui, se félicite de sa mesure et de la force du consensus obtenu (« votre père ? mais nous sommes entièrement d'accord »). La métaphore de la chasse réapparaît dans le choix du verbe qualifiant Thérèse (« gisait ») et soulignant la revanche du médiocre. Non content d'anéantir Thérèse, Bernard se félicite lui-même de son habileté et de sa pondération. Il n'est plus qu'une victime, victime de sa faiblesse, de sa naïveté, face à une créature, un « monstre » élevé sans principes.

La prostration

Le verdict prononcé, Bernard regagne sa chambre sans insister pour conduire Thérèse, qu'il ne voit d'ailleurs que de dos. Prostrée, la jeune femme semble déjà murée dans le silence, comme tante Clara est murée dans sa surdité. La tendresse de la vieille infirme, comparée au « vieux chien » fidèle, apporte la seule touche d'humanité à la scène, comme si dans ce roman de l'incommunicabilité, seuls les parias avaient encore une sensibilité. L'humilité de la vieille femme (« se sentir importune ») et sa tendresse lui inspirent des ruses naïves. Si elle n'ose contrarier ouvertement Bernard qui la reconduit à sa chambre, elle espère rejoindre subrepticement, sa nièce. Le geste furtif de la vieille femme qui ouvre en secret la porte, l'émotion qui l'assaille au moment d'être prise en flagrant délit, confèrent au personnage une touche pathétique, alors qu'à l'inverse, Bernard qui roule machinalement une cigarette, semble une pure mécanique.

L'ambiguïté des points de vue

Dans ce chapitre, l'opposition entre les deux personnages est soulignée par l'alternance des points de vue. Au point de vue de Thérèse, prostrée sur elle-même, s'oppose celui de Bernard, exultant d'orgueil. L'écrivain suit l'évolution du personnage et son exaltation (« comme il la domine, ce soir ! comme elle doit se sentir méprisée ! ») au fur et à mesure qu'il évalue son triomphe, mais s'en démarque à plusieurs reprises. L'ironie (« l'orgueil de sa modération », « le sentiment de cette grandeur ») n'épargne pas un personnage coupable de médiocrité, de petitesse et de mesquinerie. Le romancier met à nu son personnage et n'hésite pas à le juger. Ainsi glisse-t-on du point de vue de Bernard à celui du romancier omniscient dont le jugement s'exprime en des formules lapidaires qui ont valeur de maximes (« Rien n'est vraiment grave pour les êtres incapables d'aimer »). La condamnation du chrétien pour ce péché plus grave même qu'aucun des sept péchés capitaux, se teinte d'une nuance de mépris (« joie tremblante »), voire de dégoût (« Bernard avait le sentiment de sa force »). Ainsi Bernard incarne-t-il, par sa fatuité, son assurance, et surtout sa sécheresse de cœur, ces pharisiens que Mauriac abomine. Ses préjugés s'expriment sous une forme dogmatique (« aucune difficulté ne résiste à un esprit droit »), un vocabulaire prosaïque (« le pire des drames, voilà qu'il l'avait réglé », et des clichés (« il sauverait la face ») qui manifestent un profond matérialisme (« le goût qu'il avait des propriétés, de la chasse, de l'automobile, de ce qui se mange et de ce qui se boit : la vie, enfin ! »). Ainsi le lecteur finit-il par adopter le point de vue du romancier et du moraliste.

Conclusion

Chapitre des retrouvailles, le chapitre IX est aussi, paradoxalement, celui de l'incommunicabilité et du silence. La confrontation des deux époques, si elle amorce le deuxième mouvement du récit, accuse les données présentes dans la première partie puisque tout ici est porté à un point paroxystique : Bernard devient le *parangon* de la médiocrité, comme Thérèse devient celui de la marginalité, cependant que la solitude s'exaspère sous la forme de la réclusion. La narration adopte des points de vue variés qui permettent de souligner l'éloignement des personnages : au point de vue du romancier et à celui de l'héroïne, s'ajoute le point de vue de Bernard qui sert de contrepoint et exploite toutes les ressources de la dissonance.

CHAPITRE X

RÉSUMÉ

Seule au salon, Thérèse mesure la vanité de ses illusions et la naïveté de son examen de conscience. Ses relations avec sa famille lui apparaissent désormais comme des rapports de force, placés sous le signe de la fatalité et de la mort. Elle envisage lucidement le sort qui lui est réservé, mais refuse de plaider coupable. Un moment, elle caresse l'espoir de s'enfuir, mais alors la perspective de la misère l'arrête ainsi que l'image de la faim qui avait eu raison d'un assassin traqué dans la lande. L'idée de la justice lui rappelle les sous-entendus de Bernard sur une prétendue preuve de culpabilité, et l'incite à retirer d'une vieille pèlerine, un paquet de poisons. Au contact des fioles, Thérèse songe au suicide, comme à la seule délivrance possible et se recueille auprès du lit de Marie. Alors qu'elle ne songe plus qu'à en finir, elle éprouve sa première émotion de mère à la vue de sa fille endormie, de cet *alter ego*, voué au même pathétique destin. De retour dans sa chambre, Thérèse prépare le poison tout en découvrant la peur de la mort et celle de l'au-delà. Elle ne peut s'empêcher de formuler, malgré elle, une prière à l'égard de ce Dieu inaccessible dont elle n'a cessé de nier l'existence, et d'implorer son pardon en invoquant un miracle. Or, au moment même où elle s'apprête à boire le poison, la servante fait irruption dans sa chambre et lui annonce la mort de tante Clara. Thérèse, qui se refuse à voir un signe de la Providence dans la mort concomittante de la vieille infirme, cache néanmoins son émotion alors même que les métayers, scandalisés par son indifférence, lui imputent le décès. Le chapitre se clôt sur l'image de la messe dominicale qui suit les funérailles et sur la position de l'héroïne cernée de toutes parts, victime expiatoire, que la famille Desqueyroux immole à sa réputation.

Entièrement centré sur le personnage de Thérèse, le chapitre X, exceptionnellement court, répond à la diastole* du chapitre IX par un mouvement de systole*. Après la dispersion polyphonique des points de vue et des instances narratives, le récit linéaire et univoque se concentre sur l'héroïne. Ainsi suivons-nous son évolution, de l'espoir de la fuite, à celui du suicide, pour finir par la résignation.

COMMENTAIRE

Le sentiment de la fatalité

Après le départ de Bernard, Thérèse reste prostrée dans le salon, dans ce « noir », ces ténèbres qui lui sont familières, face à ces tisons du foyer qui symbolisent sa rage impuissante. Sa mémoire lui présente le souvenir de la confession préparée, confession désormais jugée dérisoire. Dans son amertume, elle en vient à nier l'authenticité (« cette histoire trop bien construite ») et à contester le rôle d'Azévédo pour privilégier le rôle de la fatalité. Comme les héroïnes raciniennes, elle n'est que la victime d'un aveugle *fatum*, une « loi inexorable » et inéluctable. Monstre, à l'instar de Phèdre, Thérèse nie toute responsabilité individuelle et toute loi morale pour n'envisager que des rapports de force, placés sous le signe du destin (« Elle n'avait pas détruit cette famille, c'était elle qui serait détruite »). Résolument païenne, Thérèse atteint à la grandeur des héroïnes tragiques de la mythologie, tour à tour bourreau et victime. Elle puise ainsi dans sa lucidité un amer réconfort (« elle aussi les jugeait monstrueux ») et reconnaît dans l'entité familiale, un ennemi irréductible (« mécanique familiale »).

Curieusement, la fameuse phrase de Montaigne, célébrant son amitié avec La Boétie (« parce que c'était lui, parce que c'était moi ») sert ici à traduire une haine indéfectible. Un instant, Thérèse imagine d'autres destinées semblables à la sienne, elles aussi vouées au mensonge, mais aussitôt, elle proclame la singularité de son destin. Le terme « sauvés » à la connotation méliorative (qui suggère *a contrario* que Thérèse se reconnaît perdue) est corrigé par trois termes négatifs (« chloroformés », « abrutis », « endormis ») qui évoquent l'apathie et la léthargie. La répétition solipsiste de « mais moi » souligne l'orgueil du personnage impétueux mais aussi son destin solitaire.

Prise au piège, Thérèse envisage d'abord la fuite pour échapper à son destin. Les interrogatives traduisent la naissance de l'espoir, la fièvre du départ (« Pourquoi ne pas fuir ? ») que Thérèse est sur le point d'accomplir. C'est un mobile très prosaïque, presque trivial, qui la retient (« mais elle n'a pas d'argent » s'oppose ainsi à l'élan lyrique : « tout plutôt que cette agonie interminable »). Ainsi se dessine une héroïne humaine, avec ses peurs et ses doutes, une héroïne qui, malgré elle, reste conditionnée par son milieu (« des milliers de pins lui appartiennent en vain »), incapable d'affronter la pauvreté. Si l'image de la grand-mère Bellade, rejetée par la famille, la hantait au début du roman, c'est désormais l'image plus pathétique de Daguerre l'assassin traqué, qu'elle envisage. Entre les deux parias, se tisse un réseau de correspondances, correspondances d'autant plus étroites, que même enfant, Thérèse avait éprouvé de la pitié pour le misérable. Alors que la famille Desqueyroux mettait son chien et même son vin au service des gendarmes, Thérèse était du côté de l'homme « à demi-mort » et « ligoté sur une charrette de paille ».

La tentation du suicide

Au sentiment de la fatalité, succède de façon logique, la tentation du suicide lorsque Thérèse retrouve les poisons imprudemment laissés dans la pèlerine. Le narrateur suit la marche de l'héroïne (« voici sur le palier »), le cours de ses observations et de ses souvenirs (« Tante Clara y rangeait son tricot »). Le soulagement fait aussitôt place à l'image du suicide comme si les mots eux-mêmes, plus que les fioles exerçaient une fascination sur le personnage (« elle relit ces mots, ces chiffres. Mourir »). L'idée prend corps progressivement et Thérèse cherche à en atténuer l'horreur par l'énumération de gestes anodins (« verser l'eau, diluer la poudre »). L'écrivain suit tous les mouvements de l'héroïne sans dissimuler ses faiblesses, ni cette lâcheté qu'elle reprochait à Bernard (« que tu es drôle, Bernard, avec ta peur de la mort », chap. VI).

Si Thérèse cherche à se tromper elle-même (« si elle frissonne, c'est que le petit matin est froid »), l'écrivain suit ses mouvements, sans chercher à intervenir, de même se garde-t-il d'expliquer pourquoi Thérèse pénètre dans la chambre d'une enfant qu'elle a jusqu'alors négligée ; sans doute l'ignore-t-elle elle-même. Thérèse semble guidée par un besoin irrépressible (« Thérèse pousse la porte (...) l'étroit lit de fer est blanc dans l'ombre »). La suite d'indépendantes juxtaposées les unes aux autres souligne le caractère spontané et irraisonné de la démarche. Le regard se focalise d'abord sur le lit, puis sur le profil, puis sur l'oreille un peu trop grande que Thérèse reconnaît pour une réplique de la sienne. L'émotion naît progressivement devant ce corps vulnérable (elle est « engourdie, endormie ») voué au même destin. Ainsi le sentiment de la fatalité conduit Thérèse à l'instinct maternel. À travers les lois de l'hérédité, elle découvre la malédiction de la souffrance (« tendances, inclinations... ») et se prend de pitié pour son enfant.

En position d'orante devant sa fille qui a celle d'un gisant, elle éprouve finalement la douceur et la douleur de la maternité. S'arrachant à la contemplation de l'enfant, Thérèse pénètre dans sa chambre et prépare la mixture qui doit la délivrer définitivement. La nature semble vouloir rappeler la jeune femme à la raison et lui adresse un signe de connivence en hâtant l'éveil de l'aurore. La jeune femme elle-même hésite et tremble. Sa peur du néant rejoint sa peur de l'au-delà et d'un juge tout puissant. Sceptique mais non plus athée (« s'il existe cet Être... »), Thérèse invoque un miracle ; mais, par un glissement, nous passons du point de vue du personnage (sensible dans le regard rétrospectif sur la Fête-Dieu et la distanciation à l'égard de « l'homme solitaire » et de « cette chose qu'il porte des deux mains ») à celui du romancier implorant la pitié du Créateur à l'égard de sa créature (« puisse-t-il du moins accueillir avec amour ce monstre, sa créature ».) Le romancier joue lui-même le rôle de Providence en plaçant précisément à cet endroit la mort de tante Clara alors que Thérèse s'apprête à boire le poison. La mort, à ce moment critique, de la tante dévouée, semble ainsi une réponse à la prière de Thérèse. Par son muet sacrifice, tante Clara rappelle à la vie une nièce qui est sur le point de la quitter. Ainsi, et involontairement, la sèche Balionte est-elle messagère de vie.

La résignation

Le chapitre se clôt sur les funérailles de la vieille infirme dont les convictions sont bafouées par le conformisme familial (« on a tout de même mis un chapelet entre les doigts de la vieille impie »). Ainsi la mort, pas plus que la vie, n'appartient à l'individu, et le clan familial en fait l'objet d'une représentation. La représentation est double puisque les métayers qui viennent se recueillir devant le corps de tante Clara scrutent en même temps le visage de Thérèse dont l'impassibilité leur paraît suspecte. Pourtant, seule Thérèse mesure à son juste prix la mort de tante Clara et y voit sinon un signe de la Providence, (« si on lui parlait d'une volonté particulière, elle hausserait les épaules ») du moins un sacrifice symbolique. Alors que pour Bernard, il ne s'agit que d'un « accident » faisant « diversion », Thérèse s'émeut devant le « vieux corps fidèle qui s'est couché sous ses pas » et l'a ramenée à la vie, fût-ce une vie végétative. Comme les condoléances, les funérailles sont l'objet de la représentation sociale. À l'église, Thérèse « occupe son rang » et la messe dominicale est l'occasion pour Bernard de s'afficher avec sa femme. Le regard du romancier se focalise sur l'héroïne dont il adopte le point de vue. Traquée, Thérèse se terre derrière son « voile de crêpe » qui doit la protéger des regards de l'assistance. L'espace se restreint autour du personnage dont la belle-mère et l'époux semblent les geôliers, mais la métaphore carcérale se mue en métaphore tauromachique et Thérèse devient une victime expiatoire, offerte comme l'homme-Dieu, à la haine de la foule.

Conclusion

Ce chapitre, qui est le plus court du roman, en est aussi l'un des plus denses. À l'unicité du point de vue répond l'unicité du thème : la mort. Mort rêvée (suicide), mort réelle (tante Clara), mort spirituelle. Mais cette mort assume des significations diverses : manifestation de la fatalité aux yeux de l'héroïne, manifestation de la Providence aux yeux du romancier. Ainsi s'opposent une conception païenne et une conception chrétienne de l'existence.

CHAPITRE XI

RÉSUMÉ

Après l'enterrement de tante Clara, commence la véritable réclusion de Thérèse qui se voit coupée de ses racines et séquestrée dans une maison inconfortable et inhospitalière. La vie des époux s'organise séparément, Bernard passant la journée à la chasse tandis que Thérèse est cloîtrée dans sa chambre. Privée de lectures, Thérèse cherche de vaines compensations dans des promenades solitaires ou dans la messe dominicale. Avec l'arrivée du mauvais temps, Thérèse ne peut trouver d'autre dérivatif que le tabac qui accompagne ses rêveries mélancoliques (séquence 1).

Le départ de Bernard à la fin octobre pour Beaulieu où il doit rejoindre sa mère et sa fille, met le comble à sa solitude et la condamne à la prostration. Privée de toute autre compagnie que de la présence intermittente et hostile de la servante, Thérèse imagine, allongée sur un lit qu'elle ne quitte plus, une autre vie à Paris, au milieu d'êtres selon son cœur. Ainsi s'abandonne-t-elle à ses rêveries, cherchant l'oubli dans l'ivresse et la cigarette, s'imaginant tantôt l'héroïne romanesque d'un impossible amour, tantôt une sainte dotée de pouvoirs surnaturels. En vain la servante tente-t-elle de la secouer de sa léthargie et de la ramener à la réalité, en vain la prive-t-elle, par souci d'hygiène et de sécurité, de ses cigarettes, la sevrant ainsi de son dernier plaisir. Prostrée, Thérèse s'expose, par défi et par désœuvrement aux rigueurs du froid, cherchant dans la souffrance physique un dérivatif à la souffrance morale (séquence 2).

COMMENTAIRE

Tonalité du chapitre

Si le chapitre X n'évoque que la période limitée du retour de Thérèse, et des premiers jours de vie commune, en revanche le chapitre XI, qui est sans doute le plus désespéré du roman, couvre le temps indéfini et interminable de la réclusion. Ainsi, le mode de l'itératif prend-il le pas sur le singulatif et l'action s'efface-t-elle au profit de l'atmosphère. Tout le chapitre est placé sous le signe de la répétition et de la monotonie. Plus il progresse, plus l'espace se restreint et plus l'activité se ralentit. À la fin même, l'héroïne semble avoir atteint le seuil de la complète léthargie, de la paralysie la plus totale.

SÉQUENCE 1
(pages 143 à 148)

La solitude

L'arrivée de Thérèse au début du chapitre, dans la maison Desqueyroux en compagnie de Bernard, suggère symboliquement qu'elle n'a plus désormais aucune identité individuelle, qu'elle est entièrement absorbée dans le clan familial des Desqueyroux. Coupée des dernières racines qui lui restent, elle sera plus que jamais une étrangère. À la froideur de l'accueil familial, répond l'austérité du cadre (« Les cheminées fumaient, les fenêtres fermaient mal, et le vent passait sous les portes »), un cadre inhospitalier et même agressif. Les époux mènent une vie parallèle qui exclut tout contact. Bernard retrouve la chasse et ne quitte la nature que pour frayer avec les paysans qui sont ses domestiques. Cloîtrée dans sa chambre et réduite à l'inaction, Thérèse ne vit plus que par procuration (« Thérèse entendait le bruit des fourchettes, les voix monotones.. »). Les verbes d'état (« être », « paraître », « dormir », « demeurer étendue ») l'emportent sur les verbes d'action comme si l'héroïne se fondait progressivement dans le cadre ambiant, dans l'élément végétal ou dans l'élément minéral. Seule la nature semble encore douée d'une âme, en particulier les cimes des pins familiers dont Thérèse remarque la « douceur humaine » (image qui reviendra en point d'orgue à la fin du chapitre XIII) et les nuits troublées de l'équinoxe qui reflètent sa propre souffrance. Les promenades cependant semblent de nouvelles épreuves, autant de parcours expiatoires au cours desquels Thérèse fait l'expérience de l'exclusion et du rejet. Elle est désormais la brebis galeuse dont on évite le contact. Marginale, Thérèse est même traquée comme cet assassin auquel elle s'intéressait déjà petite fille (« elle sortait de chez elle par une porte dérobée »). Elle retrouve spontanément les gestes accomplis à la sortie du palais de justice : on la voyait au chapitre I se tapir contre les murs, désormais elle se jette « dans un chemin de traverse ». L'image de la chasse est même explicitée par la référence au « cœur angoissé de gibier ». Sa seule activité sociale, la messe dominicale, ne lui permet que des relations indirectes avec l'assistance (« l'opinion du bourg lui paraissait plus favorable »), relations médiatisées et faussées par la comédie familiale.

La claustration

Le narrateur isole le récit d'une nuit de tempête qui bouleverse l'arrière-saison et amorce une période d'intempéries. À la tristesse du vent furieux, répond la plainte d'une pluie « menue, serrée, ruisselante ». L'espace semble se restreindre encore davantage et la pluie devenir une seconde prison, condamnant la jeune femme à l'immobilité. Condamné lui aussi à la réclusion, Bernard semble un lion en cage (« errer d'une pièce à l'autre ») en quête d'exutoire. La construction en chiasme* souligne le parallélisme des attitudes des deux époux. À « Thérèse fumait » répond, à la fin de la phrase, « une odeur de pipe s'insinua » ; et à elle « allait sur le palier », répond « elle entendait son mari errer d'une pièce à l'autre ». La mélancolie qui s'empare de Thérèse au souvenir de « son ancienne vie » se conjugue à l'angoisse, et à l'appréhension d'un avenir désespérément bouché. L'absence de lumière accentue l'aspect sépulcral du lieu, de même que l'humidité de la chambre et son dépouillement. Les clous rouillés, les traces des portraits anciens, les photographies estompées donnent au cadre un caractère funèbre comme si Thérèse, telle Iphigénie, se trouvait enterrée vive. Placée sous la surveillance des ancêtres Desqueyroux, elle ne peut nourrir aucun espoir d'échapper à la loi familiale. Plus l'espace se réduit, plus, inversement, le temps s'allonge. Les compléments circonstanciels placés en gradation (« tout ce jour », « et puis ces semaines, ces mois ») traduisent le désespoir de l'héroïne, qui se risque à franchir l'interdit en recherchant une compagnie qu'on lui a interdite.

Nulle parole de pitié ni d'accueil de la part de Bernard qui se contente de rappeler sa femme à l'ordre. Se retranchant derrière les formules impersonnelles (« il est entendu que... ») et les informations officielles, il n'est plus que le porte-parole de la famille. Son ton péremptoire, lorsqu'il dispense Thérèse de la messe, désormais son seul dérivatif, triomphe aisément du balbutiement de Thérèse. D'un côté, une pure mécanique aux propos stéréotypés, à la courtoisie purement formelle (il « s'effaça devant Thérèse ») de l'autre, une présence fantomatique, silencieuse et bientôt invisible (« Au petit jour sombre, elle entendit Balion atteler »). Le départ de Bernard s'accompagne d'un élargissement de la phrase en un double rythme ternaire (« sur les tuiles, sur les vitres (...), sur le champ désert »/ « sur cent kilomètres (...), sur les dernières dunes, sur l'océan »), qui permet de passer du gros plan (focalisation sur les tuiles) au grand angle (vue panoramique sur l'océan) et de prolonger indéfiniment l'impression de désolation.

SÉQUENCE 2
(pages 148 à 156)

Rêveries d'une prisonnière solitaire

Au fil des jours, Thérèse renonce à toute activité physique. Si elle se décide, le jour du départ, à s'enfoncer dans la pluie, elle abandonne bientôt toute promenade pour se réfugier dans un monde de rêves. La nature hostile, la maison inhospitalière, la servante acariâtre, aussi inflexible que son maître, incitent la jeune femme à la léthargie.

À l'inverse, elle déploie une fébrile activité fantasmatique. Sa modeste expérience de la vie parisienne sert de prétexte à des rêveries dont le romancier suit le cours sinueux. Or, ce monde idéal se définit par la négation (« monde sans Bernard ») et l'opposition : univers de luxe (« étui d'écaille », « cigarettes Abdullah »...) et non d'économie bourgeoise, univers d'intellectuels et non de béotiens, univers du dialogue et non du silence. Dans son narcissisme naïf, Thérèse s'imagine captivant « un cercle de visages attentifs » et séduisant un jeune homme timide. Ainsi s'ébauche une série de rêves plus ou moins stéréotypés, rêveries romanesques dignes d'une nouvelle Bovary, mais trop pathétiques pour être ridicules. Le désir d'inconnu se confond avec le désir d'amour, amour physique, passion sensuelle (« ce corps contre son corps ») mais complicité clandestine aussi (« quelqu'un que personne de son cercle, ne connaissait »).

Éveillée, Thérèse retrouve le contact avec la nature nocturne et quitte ses rêveries romanesques pour des projets plus pragmatiques (« si elle avait de l'argent »). La pluie, se confondant avec l'image de la prison, stimule son aspiration à la liberté et à l'émancipation. Ainsi le paysage est-il à l'image de son paysage intérieur, cadre désolé et désespérant (« il pleuvra jusqu'à la fin du monde »), paysage de purgatoire pour une âme en peine. Elle échafaude des projets, imagine une vie libre et indépendante. Les infinitifs relayant les conditionnels, assument la même valeur hypothétique (« Être une femme seule ... être sans famille ... »). Dans sa naïveté, Thérèse imagine Paris comme une panacée à sa situation. Ainsi reste-t-elle, jusque dans ses rêveries, conditionnée par son éducation de provinciale. Progressivement, le personnage s'abandonnant à sa léthargie, adopte une attitude suicidaire qui manifeste son refus d'être au monde. Au fil des jours, les rêveries se multiplient, soulignées par le jeu des différents rythmes ternaires (« des visages oubliés, des bouches (...) des corps indistincts », puis, « elle composait un bonheur, elle inventait une joie, elle créait de toutes pièces ») qui expriment le besoin vital de cette compensation imaginative.

L'imparfait (« Thérèse assise reposait sa tête ») exprime la familiarité de la rêverie et le présent accentue l'actualisation (« Elle voit la maison blanche »), comme si, progressivement, le rêve se concrétisait. Le romancier suit les méandres de la pensée de Thérèse qui oscille du songe à la réalité (« elle l'imagine, elle ne le saura jamais ») et dessine un paysage idéal, tantôt sensuel, tantôt mystique. Plus les rêveries se développent et plus s'atrophie le contact avec le monde réel.

Prostrée sur un lit que Balionte a refait avec mauvaise grâce, Thérèse se replie derrière un mutisme qui confine à l'autisme (« il ne dépendait pas de Thérèse qu'elle parlât »). Si Balionte se méprend sur l'attitude de Thérèse et l'interprète comme une forme de mépris, à son tour Thérèse traduit comme une brimade personnelle, le souci salutaire de la servante d'éviter tout risque d'incendie. Ainsi, même avec les domestiques, Thérèse est-elle prisonnière du malentendu. Dans son désespoir, elle laisse le vent s'engouffrer dans la chambre, sans manifester la moindre réaction. Bien plus, elle semble se complaire à cette nouvelle épreuve et caresser l'idée de la mort (« le corps ramassé, le drap tiré ... »). Ayant échoué à se fuir elle-même dans ses rêves illusoires, Thérèse en est réduite à cultiver sa propre souffrance.

Le temps du récit

Après l'évocation de la première journée de solitude, le récit prend un rythme plus ample en couvrant le mois de novembre et les dix premiers jours de décembre, mais les journées se succédant dans la même monotonie donnent l'impression d'une continuité. Ainsi le temps semble-t-il, par la répétition de scènes identiques, suspendu et paralysé. Progressivement, Thérèse abdique toute volonté et tout effort, renonçant aux gestes les plus élémentaires de la vie. Apathique, elle deviendrait anorexique si le goût du tabac ne nécessitait une alimentation minimale. Un glissement temporel permet de passer de « ce jour là » à « ces jours les plus courts de l'année » et d'accentuer l'impression de monotonie (« la pluie épaisse unifie le temps, confond les heures ; un crépuscule rejoint l'autre dans un silence immuable »). La nature elle-même semble d'autant plus léthargique et somnolente que tout bruit et toute lumière en sont absents.

L'alternance des points de vue

Tout le passage fait alterner le point de vue de Thérèse, qui se retranche derrière ses rêves romanesques, et celui de Balionte, beaucoup plus pratique et de plus en plus malveillante. Les guillemets permettent de concrétiser cette construction en contrepoint et de passer du point de vue de Thérèse à celui de Balionte.

Le passage fait apparaître la sévérité de la servante qui ne mâche pas ses mots (« cette garce ») à l'égard d'une « feignantasse » s'adonnant à l'alcool et au tabac. Les expressions familières, voire populaires (« si ce n'est pas malheureux », « attends un peu que... ») trahissent l'origine paysanne du personnage, son sens de l'économie et du travail. Balionte partage en effet avec ses maîtres le respect de la terre, de la propriété (« des draps qui ont été tissés sur la propriété ») mais aussi du labeur. Aussi s'emporte-t-elle contre la prostration de Thérèse qu'elle prend pour de la paresse, déguisant à peine son mépris à l'égard d'une maîtresse qui manque à tous ses devoirs. C'est par le biais du point de vue de Thérèse que nous découvrons les réactions de Balionte (« criailleries », « la vieille », sont autant de termes péjoratifs qui suggèrent la distanciation) et ses reproches acerbes. La narration oscille entre le style indirect et le style indirect libre* ménageant l'ambiguïté de ce que le critique américain Dorrit Cohn appelle « le psycho-récit » dans *La Transparence intérieure* (Seuil, Paris 1981, Collection Poétique). Le regard de Thérèse erre de place en place : regard sur elle-même (« Thérèse regarde avec stupeur ses jambes squelettiques »), regard sur le monde extérieur, de l'environnement le plus immédiat à un environnement plus lointain et regard de Thérèse sur Balionte. Ce regard critique est tempéré cependant par l'indulgence du romancier (« Balionte qui est bonne pourtant ») qui, soucieux de corriger le point de vue de l'héroïne et de justifier la rudesse de la servante, épouse tour à tour le regard de chacun des personnages.

Conclusion

Dépourvu de tout mouvement autre que psychologique, ce chapitre est celui de l'immobilité et du silence. Le lecteur assiste à un progressif rétrécissement de l'espace, à une suspension du temps, à la paralysie des êtres et des choses. De l'indolence à l'atonie, l'héroïne suit une courbe descendante jusqu'à devenir une morte-vivante. Or ce purgatoire joue un rôle central dans la diégèse* de l'œuvre. Il autorise l'écrivain et le chrétien à racheter son héroïne, à lui offrir avec le chapitre XII puis le chapitre XIII, une chance de salut, salut temporel mais aussi salut spirituel.

CHAPITRE XII

RÉSUMÉ

Une lettre de Bernard annonçant son prochain retour en compagnie d'Anne de la Trave et de son fiancé, met un terme à la prostration de Thérèse. Bernard sollicite, sur un ton comminatoire, le concours de sa femme pour sauver les apparences auprès du fils Deguilhem et préserver les chances du mariage. Sous la houlette de Balionte, Thérèse se reprend en mains, se force à manger et à marcher pour accélérer sa convalescence (séquence 1).

Le jour de la visite familiale, le 18 décembre, alors que s'échangent des propos convenus et embarrassés, Thérèse fait une entrée remarquée et soutient docilement son rôle. Sa maigreur et sa pâleur suscitent même, au grand étonnement du fils Deguilhem, la compassion des Desqueyroux. Après les félicitations d'usage, elle adresse à Anne quelques questions stéréotypées au sujet de Marie afin de donner le change et de masquer son indifférence. Accablée par la vacuité de la conversation, elle voit avec soulagement repartir la famille, quelques heures plus tard, à l'exception de Bernard qui entend modifier son régime et accélérer son rétablissement (séquence 2).

Inquiet en effet par son état, il veille, dans les semaines qui suivent, à son alimentation et stimule son activité physique, lui laissant même envisager la liberté après le mariage d'Anne, et une nouvelle vie de célibataire à Paris. Ainsi espère-t-il se défaire d'une femme encombrante. La perspective de la séparation détend les relations entre les époux qui cohabitent sereinement. Le chapitre se clôt sur l'évocation du printemps, symbole pour Thérèse de la résurrection et du retour à la vie, vie de la nature, qu'elle apprécie au moment de la quitter, et vie parisienne qu'elle s'apprête à découvrir (séquence 3).

SÉQUENCE 1
(pages 157 à 159)

Alors que le chapitre XI, tout entier centré sur le thème de la réclusion et de l'atonie suit un crescendo jusqu'à l'acmé de la dernière page, le chapitre XII suit un mouvement inverse, un decrescendo qui fait passer l'héroïne de la prostration la plus totale au retour à la vie. Si le chapitre XI aboutissait à un désespoir paroxystique, le chapitre XII se conclut par un regain d'espoir, espoir ménagé par différentes étapes et en tout premier lieu, la visite des Desqueyroux au début de l'hiver.

Le retour à la vie

Parallèlement à la nature qui s'achemine vers le printemps, Thérèse s'achemine vers la liberté. La première étape de ce mouvement est symbolisée par la lettre de Bernard, qui, en rétablissant le contact avec Thérèse, met un terme à sa quarantaine. À l'excitation de Balionte s'oppose l'apathie de Thérèse qui laisse la servante s'emparer de la lettre (« si Madame veut que je la lise... »). Prostrée, Thérèse adopte une attitude confinant à l'autisme, en se tournant du côté du mur, exprimant ainsi son refus de la réalité. La lettre est présentée à la fois de façon immédiate (comme en témoignent les italiques) et de façon médiate, par le biais de la conscience de Thérèse. Écrite sur un ton sec et officiel (d'où l'abus de la parataxe), elle est à la fois un rappel à l'ordre et une mise en demeure (« Vous êtes trop intelligente pour ne pas... »). Le goût de la périphrase (*cf.* le pudique : « vous savez quoi ») s'efface ensuite au profit d'un ton comminatoire et pressant, au fur et à mesure que le chantage se précise (« je saurai reconnaître (...) comme je n'hésiterais pas non plus... »).

D'emblée, Thérèse semble prête à remplir le rôle que lui a assigné la famille, pour échapper à sa solitude, mais les forces lui manquent. Les encouragements de Balionte se nuancent cependant d'un secret mépris pour sa docilité (« chienne couchante ») alors même qu'elle interprète la lutte de Thérèse pour sa survie comme une forme de défaite. Or, si faible que soit Thérèse, sa docilité traduit ici sa volonté, volonté d'échapper à la réclusion et à soi-même, et volonté de vivre. À la triade des substantifs évoquant la mort (« le songe », « le sommeil », « l'anéantissement », dont les sifflantes soulignent la séduisante lan-

gueur) s'opposent les verbes se rapportant à des fonctions vitales :
« marcher », « manger » etc... L'image de l'incendie, récurrente dans le
roman (*cf.* en particulier le chapitre VIII) et associée ici à l'image de la
destruction (« lande incendiée », « cendre », « pins brûlés et noirs »)
s'efface progressivement devant celle de la renaissance (« comme elle
fût revenue »), renaissance au monde, et renaissance aux siens (*cf.* la
précision qui fait passer de « cette famille » à « sa famille »).

SÉQUENCE 2
(pages 159 à 167)

Les « retrouvailles familiales »

Avec l'arrivée de la famille à Argelouse, après la longue suite indéfi-
nie des semaines de réclusion, c'est le retour à une narration chrono-
logique datée (« le 18, vers trois heures »). Retrouvant la vie en
société, Thérèse retrouve aussi ses repères temporels. L'héroïne est
saisie en position d'attente (« la tête appuyée au dossier, les yeux fer-
més ») presque sur le qui-vive (« Thérèse était debout déjà, devant la
glace »), manifestant par sa coquetterie, une bonne volonté non
dépourvue d'ironie. Thérèse se prête consciencieusement à la comédie familiale (« je me réjouis de ton bonheur ») sans réussir toutefois à
tromper la perspicacité de son amie Anne (qui remarque sa figure
« rongée ») sans réussir non plus à se tromper elle-même.

Le contraste entre les deux jeunes femmes s'accuse au fur et à
mesure que la conversation dévie vers Marie. Plus encore qu'au
moment de sa naissance, l'enfant constitue une ligne de partage et de
rupture entre Anne et Thérèse. Entièrement phagocytée par la famille,
Anne n'est plus que le double de sa mère (« avec les mêmes intona-
tions que sa mère ») dont elle épouse les préjugés ; à l'inverse, Thérèse aguerrie par l'épreuve de la réclusion, affirme sa singularité.
Si celle-ci mesure la distance qui les sépare, elle renonce à se justifier,
sinon à ses propres yeux. Ainsi cette confrontation lui permet-elle de
poursuivre son introspection et de revendiquer sa singularité (« Les
femmes de la famille aspirent à perdre toute existence individuelle ...
Mais moi, mais moi... »). L'exclamation égocentrique (Mais moi, mais
moi.. ») n'est pas sans rappeler sa réaction de jalousie à la lecture des
lettres d'Anne au chapitre IV (p. 54) « et moi alors ? et moi ? », ou
encore son désespoir au début du chapitre X (p. 136) « Mais moi, mais

moi ». Dans sa brutalité et sa fréquence, la formule souligne bien l'impérieux besoin d'un épanouissement personnel. Dès lors, l'amour maternel ne saurait être qu'un caprice ou une foucade (« cela m'amuserait quelques secondes ») et c'est pour sacrifier aux convenances qu'elle pose les questions attendues, n'obtenant d'autre réponse que les phrases bêtifiantes d'Anne de la Trave.

Un univers de faux-semblants

Dépourvues de toute sincérité, ces retrouvailles familiales sont une nouvelle concession au conformisme bourgeois, une comédie donnée à l'intention du prétendant d'Anne. C'est pourquoi les adieux sont aussi compassés que la visite elle-même et le geste de Mme de la Trave qui retient Thérèse assise, révélateur de sa défiance.

Même la décision soudaine de Bernard de rester auprès de sa femme semble répondre plus à un calcul qu'à un quelconque sentiment, puisqu'il s'agit de sauver l'honneur familial en soignant Thérèse. Quant aux chuchotements et aux sous-entendus de Mme de la Trave, ils suggèrent l'hypocrisie des relations tissées. Il est significatif qu'elle-même, par ailleurs, interprète la lassitude de Thérèse comme une nouvelle comédie (« elle dort ou elle fait semblant »). L'expression suggère une fois de plus que l'univers dans lequel évolue l'héroïne est celui du paraître, atmosphère délétère pour une héroïne éprise de sincérité. Par sa nature même, son crime ambigu et sournois n'est-il pas à l'image d'un univers où toutes les passions sont étouffées, retenues, différées ?

L'éclatement des points de vue

La scène est alternativement perçue par l'héroïne et les autres protagonistes, le narrateur adoptant successivement plusieurs points de vue. Il met tout d'abord en relief la méfiance du fils de famille fortement chapitré par les siens et dont la suspicion apparaît dans certaines expressions favorites (« ne pas garder les yeux dans la poche »). La banalité de ses propos, soulignée par la distanciation ironique des guillemets, suggère la vacuité du personnage. Au point de vue du jeune homme, se superpose celui de la belle-mère qui cache son anxiété derrière des remarques futiles sur l'élégance de sa fille. Dans cet univers sclérosé, tout est codé, même la tenue vestimentaire acquise chez quelques fournisseurs attitrés.

À la haine envers Thérèse s'ajoute cependant la satisfaction d'une mère possessive qui a repris tout son empire sur son fils (« tu te souviens quand elle avait... »). Au point de vue de Mme de la Trave, succède celui de Bernard nerveux et anxieux lui aussi, redoutant un coup d'éclat de Thérèse. Seule Anne de la Trave semble absente de la scène, réduite à quelques accessoires vestimentaires, entièrement absorbée dans ses perceptions, comme si son retour au clan familial avait définitivement étouffé sa personnalité.

Ainsi préparée, l'apparition de Thérèse ressemble à une véritable entrée en scène. On songe à un drame de Pirandello lorsque quelques fantoches désincarnés guettent l'arrivée d'un héros en quête d'identité (« Ils sont tous debout, tournés vers la porte... »).

Mauriac choisit de présenter l'héroïne à travers le regard de son époux et ménage avec l'anticipation (« bien des années après ») un suspens. Ce regard réifiant (« ce corps détruit », « cette petite figure blanche et fardée ») exclut tout sentiment, toute émotion, si ce n'est le goût du sensationnel et du spectaculaire (« cour d'assises »). Pour Bernard, Thérèse se confond avec le cliché de la criminelle, avec une image d'Épinal. Ainsi retrouve-t-il spontanément le souvenir d'une « image coloriée » représentant une criminelle qui avait défrayé la chronique (cette même « séquestrée de Poitiers » à laquelle Gide consacra en 1930 un essai). Alors que Thérèse enfant savait découvrir un homme derrière un assassin (cf. ch. X pp 136-137), Bernard ne sait que réduire une criminelle à sa caricature. Son regard indifférent (cf. la comparaison de Thérèse avec un explosif) exclut tout autre sentiment que la peur et la honte. Nulle compassion pour la recluse exsangue dont la présence est jugée inconvenante. Après l'impression de Bernard, Mauriac évoque la réaction collective (« une rumeur d'étonnement »), réaction qui accrédite à propos la thèse de la jeune femme malade, puis focalise son regard sur Thérèse dont nous suivons les premiers gestes et les premières paroles.

Dans la deuxième partie de la scène, le point de vue de Thérèse domine. Nous découvrons son regard ironique et décapant sur le fils Deguilhem, fantoche dérisoire aux « moustaches de gendarme ». Ainsi la parenthèse joue-t-elle un rôle de distanciation, soulignant qu'en dépit des apparences, Thérèse est toujours aussi réfractaire au conformisme familial (« mais quoi ! c'était un homme comme... »). Le récit fait s'alterner les points de vue et juxtaposer l'ironie discrète de Thérèse, la méfiance d'Anne et la suffisance du prétendant qui aligne pourtant les pires banalités.

SÉQUENCE 3
(pages 167 à 171)

La cohabitation

La visite familiale à Argelouse et la découverte d'une Thérèse méconnaissable marquent la fin du calvaire de la recluse. Dès le départ des Desqueyroux et du fils Deguilhem, Bernard reprend les choses en mains et administre un fortifiant à Thérèse. Son geste cependant ne peut tromper Thérèse dont le regard toujours ironique et toujours lucide (« Bernard a eu peur ») perce à jour ses secrètes intentions. Sa décision d'admettre son épouse dans la salle à manger marque la fin de la quarantaine et le début d'une nouvelle vie. Nul sentiment chez Bernard mais plutôt une stratégie (« l'allié qui voulait »), nulle communication mais une simple cohabitation. À cette évolution des rapports correspond un changement atmosphérique : certes, l'hiver sévit toujours mais cette fois le soleil triomphe de la pluie et Bernard peut retrouver le chemin familier de la chasse. Paradoxalement, les relations évoluent vers une complicité tacite : sollicitude de Bernard, bonne volonté de Thérèse et une entente cordiale des deux (« très peu de contrainte dans leurs rapports »).

Rêves de liberté

À la complicité avec Bernard, s'ajoute une complicité avec la nature elle aussi bienveillante, que Thérèse contemple avec un regard neuf. Au champ lexical de l'enfermement, succède dans cette fin de chapitre, celui de l'ouverture, de l'émancipation, de la liberté. La métaphore est amorcée par l'image des pins qui « s'écartaient, ouvraient leur rang, lui faisaient signe de prendre le large », filée ensuite à travers l'expression des « yeux ouverts » et la comparaison avec la laie que Bernard « lâcherait » dans le monde. L'espoir renaît avec la promesse de Bernard de rendre à Thérèse sa liberté, dès le mariage d'Anne, après un nouveau sacrifice au qu'en-dira-t-on (« il faut que tout le pays nous voie une fois encore... »). L'éveil de l'espoir entraîne la fébrilité de l'héroïne qui, abandonnant la léthargie des dernières semaines, devient insomniaque. Elle qui n'était plus qu'une emmurée vivante, s'ouvre au monde et redécouvre une nature qu'elle avait oubliée. Perçue par le prisme magique de l'espérance, cette nature appelle à l'allégresse et à la joie. Ainsi le cri des coqs semble se métamorphoser en un *gloria* jubilatoire (« ils chantaient ensemble »). La comparaison cynégétique qui associait Thérèse à une biche traquée dans l'ensemble des chapitres précédents, change ici de sens : loin d'être une proie vulnérable, Thérèse apparaît comme un animal indomptable (« cette laie qu'il n'avait pas su apprivoiser »). Le retournement est complet puisqu'à présent, c'est Bernard qui « prend la fuite ». Le temps s'accélère et le printemps se profile déjà (« l'hiver finissant »). Au renouveau de la nature qui suit le dépouillement hivernal, répond la résurrection de Thérèse, après l'épreuve de la réclusion. Bien plus, la bure des feuilles mortes qui s'accroche encore aux chênes, semble annoncer chez Thérèse l'ancrage provincial, le poids d'un passé dont elle ne parviendra jamais totalement à se libérer. Sous les yeux attendris de Thérèse, la nature change d'aspect, non plus hostile, mais bienveillante et même maternelle. Le silence angoissant du temps de la réclusion s'efface au profit de bruits rassurants.

Une émotion étreint le personnage sur le point de quitter le pays natal, émotion qui conduit à la personnification de la nature, à ce panthéisme dont le chrétien Mauriac est paradoxalement familier (« La forêt se plaint, se berce, s'endort et les nuits ne sont qu'un indéfini chuchotement »). La phrase se fait languissante, épouse le rythme de la rêverie, se perd dans le méandre des verbes avant de finir en point d'orgue (« et les nuits... »). Du potentiel (« il y aurait des aubes ») nous glissons à l'actualisation (« elle se souviendra ») comme si, anticipant sur sa vie future, Thérèse éprouvait déjà la nostalgie de la terre natale. Le passage tout entier est construit sur un rythme binaire et une succession de reprises qui lui confèrent équilibre et harmonie. Ainsi le terme « aubes » est repris par « des aubes si désertes », « sa future vie » par « cette inimaginable vie ». Aux reprises s'ajoutent les parallélismes : « cigales du jour et (...) grillons de la nuit », les oppositions « non plus les pins déchirés, mais les êtres redoutables ; la foule des hommes après la foule des arbres ». Ces jeux symétriques permettent de rapprocher la province et Paris, la nature et la ville, tout en soulignant la permanence de la quête : une coïncidence de soi à soi-même et de soi aux autres.

Une paradoxale complicité

Le chapitre s'achève sur l'évocation des derniers temps de la vie commune et sur l'atmosphère détendue de la cohabitation, comme si Mauriac, au moment de séparer les protagonistes, caressait l'image d'une réconciliation (« Thérèse songeait que les êtres nous deviennent supportables dès que nous sommes sûrs de pouvoir les quitter »). C'est au moment de cette séparation que Bernard manifeste enfin un intérêt pour la conversation de sa femme et que celle-ci, mise en confiance, livre ses projets et esquisse son avenir. La confiance est même totale puisque Bernard « sans arrière-pensée, mange(ait) sa soupe ». Ainsi et pour la première fois, les relations conjugales sont-elles fondées sur l'authenticité, authenticité qui déconcerte le docteur Pédemay.

Conclusion

Avant-dernier chapitre, le chapitre XII est celui de la renaissance, renaissance physique, mais aussi psychologique et morale qui prélude au départ de Thérèse pour la vie parisienne au chapitre XIII, dans un finale qui sera moins une conclusion qu'une ouverture. La structure dynamique de l'œuvre fait ainsi s'alterner des chapitres aux *tempi* variés et aux tonalités diverses : après l'immobilisme et le désespoir propre au chapitre XI et avant les incertitudes de l'aventure parisienne, Mauriac ménage un temps de transition dont chaque étape dramatique est un pas vers la rédemption.

CHAPITRE XIII

RÉSUMÉ

Le chapitre XIII nous transporte à Paris au début du printemps alors même que Bernard et Thérèse sont attablés à un café. À la demande de Thérèse, Bernard a accompagné sa femme à Paris, mais il ne peut se défendre d'un sentiment de malaise à l'heure de la séparation. Un instant même, abandonnant son ton sentencieux et péremptoire, il s'enhardit à l'interroger sur le mobile du crime. Touchée par ce tardif désir de compréhension, Thérèse caresse l'espoir d'un retour au pays natal et entreprend de se confier à un époux jusque-là intraitable. Au fil de sa confession cependant, et alors même qu'elle cherche à rendre ses sentiments et à reconstituer son drame, Bernard se durcit, retrouvant son assurance habituelle. À cette criminelle incapable d'invoquer un mobile précis, il oppose une ironie d'autant plus glaciale qu'il se reproche sa propre complaisance. Pathétique dans son besoin de communication, Thérèse persévère, quitte même à se charger pour mieux convaincre Bernard, ou à reconnaître ses erreurs comme ce culte naïf de l'émancipation alors qu'elle se découvre plus bourgeoise et plus provinciale que jamais. Cependant, malgré sa sincérité et malgré son humilité, elle échoue à toucher un mari insensible qui se borne à lui rappeler les conventions de leur pacte. Réduite au soliloque, Thérèse manifeste sa tristesse et sa mélancolie alors que Bernard ne songe plus qu'au départ. Sa nostalgie du pays natal, sa soudaine appréhension de la solitude la laissent si désarmée qu'elle voit à regret partir son époux (séquence 1).

La dernière page du roman nous la montre rêveuse puis curieuse face à l'effervescence parisienne. Progressivement, la mélancolie s'efface au bénéfice de l'enthousiasme et de l'ivresse. Ivresse des premiers pas dans la capitale, ivresse d'une liberté chèrement acquise (séquence 2).

COMMENTAIRE

Originalité du chapitre

Ce dernier chapitre s'ouvre par l'évocation du printemps (« un matin chaud de mars »), alors que le roman débutait dans l'atmosphère pluvieuse d'un automne landais. Chacune de ces saisons symboliques nous donne la tonalité du récit, et si l'automne convenait à la peinture d'un drame spirituel, le printemps semble tout désigné pour annoncer un renouveau. Par le temps donc, par le cadre, et plus encore par l'atmosphère, ce chapitre final se distingue de tous ceux qui le précèdent. Il semble même aux antipodes des autres : après le silence d'Argelouse, nous voici confrontés au « flot humain » dont Mauriac évoque le remous en filant une métaphore aquatique (« coulait déjà, battait la terrasse... »). Malgré son originalité, le chapitre reste en harmonie avec les précédents. Marginale en Province, Thérèse l'est en effet plus encore à Paris où ses habitudes la trahissent (« comme font les landais »). Ainsi semble-t-elle toujours déplacée, exilée.

SÉQUENCE 1
(pages 177 à 182)

Dernier (et premier ?) dialogue

Si le romancier situe les protagonistes par rapport aux comparses, il s'attache surtout à les situer l'un par rapport à l'autre. La complexité de leurs relations n'apparaît nulle part aussi clairement qu'au moment crucial de la séparation, après un essai, malheureusement avorté, de dialogue. L'impression majeure semble le malaise : malaise de Thérèse envisageant sa solitude à Paris, malaise de Bernard qui a dérogé à ses habitudes en accompagnant sa femme à Paris, au risque de renouer le dialogue. Troublé par cette intimité inhabituelle avec une femme qu'il a pris l'habitude d'éviter, il est pressé de retrouver ses pénates et sa nouvelle vie de célibataire. Lui-même, en effet, se découvre différent dans ce contexte, à la merci de « gestes déraisonnables » (l'adjectif trahit tout le désarroi d'un personnage présenté au chapitre III comme un « garçon raisonnable »), de sentiments inavouables (« une tristesse dont il n'eût jamais convenu ») et d'une faiblesse inexplicable (d'où la rage avec laquelle il stigmatise cette « folle » qui a gardé un « semblant d'influence »). Pour la première fois, le personnage victime du conformisme, apparaît comme un être vulnérable et sensible, qui cherche à se fuir lui-même et à retrouver des certitudes rassurantes (« qu'il se sentait impatient d'échapper à ce trouble »). Malgré lui, le personnage s'attarde à regarder une épouse insaisissable et silencieuse, à amorcer le dialogue crucial qui n'a jamais eu lieu. L'hésitation (les points de suspension), la timidité (*cf.* la modalité hypothétique : « je voudrais savoir »), l'humilité même percent dans la question que Thérèse a jusqu'alors vainement attendue.

Au désarroi de Bernard découvrant dans une angoisse pirandellienne le dédoublement de sa personnalité, s'oppose l'émerveillement de Thérèse devant ce soudain intérêt. Son enthousiasme apparaît dans le retour en arrière et l'accélération du rythme (« cette confession, cette nuit de recherches, cette quête patiente, cet effort, ce retour épuisant sur soi-même... »), alors même qu'elle découvre un nouveau Bernard (*cf.* le jeu des oppositions entre le nouveau Bernard et le Bernard habituel : « Elle avait (...) troublé Bernard », « elle l'avait compliqué », « quelqu'un qui ne voit pas clair », « moins simple, donc moins implacable »). Fidèle à elle-même, Thérèse ne résiste pas au plaisir de la boutade (« Ne savez-vous pas... ») et de l'ironie. Sans doute aussi s'agit-il pour elle d'évaluer la bienveillance de Bernard.

Mise en confiance par sa sincérité (« je ne le crois plus, si je l'ai jamais cru », suggère que le personnage a toujours préféré sa vérité à la vérité), elle caresse l'espoir d'une rédemption. Ainsi le désarroi de Bernard éveille l'espoir d'une communion, communion humaine certes, mais aussi communion spirituelle (« toute une vie de méditation, de perfectionnement dans le silence d'Argelouse »). À l'image de la perdition associée à celle de la capitale (« consentir à l'enlisement ») s'oppose celle du Salut au pays natal. Pour la première fois, Thérèse manifeste une préoccupation spirituelle et chrétienne, la charité pouvant seule, selon Mauriac, la ramener à Dieu.

Un dialogue impossible

Incapable de fournir à Bernard un mobile précis pour justifier son crime, Thérèse invoque le besoin de communication et de partage, mais son argument psychologique irrite un époux rationaliste (« Sérieusement, pourquoi ? »). En vain, Thérèse cherche-t-elle à l'introduire dans l'univers complexe de son âme. Tout juste parvient-elle à le troubler par une question directe, qui le déconcerte. Malgré lui, Bernard laisse percer son trouble dans une réponse en descrescendo ; « sûrement » est atténué par « sans doute » lui-même corrigé par « du moins, il me semble » ; mais ce trouble est provisoire et, presqu'aussitôt, le Bernard péremptoire refait surface.

Au fil du récit, Bernard semble se durcir alors que Thérèse, toute à sa confession, espère toujours en sa bienveillance. Ainsi devient-elle pathétique dans son désir de reconstituer, par le menu, les circonstances et les prémices du drame et d'obtenir par une confession pleine et entière le pardon qui la réhabiliterait.

Au divorce progressif entre les deux personnages, répond le contraste entre le climat parisien et l'atmosphère provinciale. Au soleil léger du printemps, s'oppose « le fuligineux azur, la pénétrante odeur de torche » de l'été du drame, de même le « vent trop frais » s'oppose à l'après-midi accablant. Enfin l'atmosphère d'insouciance (suggérée par les stores jaunes et rouges, presque balnéaires) contraste avec le climat tendu que Thérèse cherche à ressusciter. La simplicité de l'aveu, la précision du récit (*cf.* le présentatif : « Voici comment cela est venu ») traduisent la bonne volonté du personnage, brutalement rappelé à la réalité (« elle l'entendit rire ... oui, il riait de son stupide rire »). Les railleries de Bernard consomment un divorce jusque-là latent et brisent un état de grâce (« Il ricana et elle reconnaissait le Bernard sûr de soi »).

La brusquerie de sa volte-face trahit le malaise d'un personnage refusant de quitter le terrain des certitudes et des préjugés, trop violent pour être sincère. Malgré ces rebuffades, Thérèse poursuit sa confession, comme si, par cette pénitence, elle rêvait d'une absolution. Ainsi le dialogue est-il pour Thérèse à la fois une *catharsis* qui doit la libérer d'elle-même, et une voie vers la rédemption. Cette exigence intérieure devient même une forme de mortification, lorsque Thérèse exagère aux yeux de Bernard sa duplicité, imaginant *a posteriori* une « fureur lucide », un acharnement conscient dont elle souligne l'horreur (*cf.* l'alliance de mots « un affreux devoir »). Déconcertée par le scepticisme de Bernard, elle s'obstine à vouloir le convaincre en usant de toutes les armes dont elle dispose, alors même qu'elle n'a plus en face d'elle qu'un fantoche préoccupé de sa réputation (« parlez plus bas »). Ainsi ses efforts ont-ils quelque chose de désespéré comme si elle refusait de se rendre à l'évidence.

Transplantée dans un cadre qui lui est étranger, elle mesure l'importance de ses racines provinciales et corrige son autoportrait. Loin de rejeter ses habitudes de propriétaire terrienne, elle les revendique soudain au même titre que ses aspirations à la liberté, mais Bernard, loin de comprendre l'évolution de sa femme (« quelle autre ? ») triomphe cruellement.

Le départ de Bernard

La faillite du dialogue condamne Thérèse dans les derniers instants de la conversation au soliloque et à la contemplation. L'image maritime du flot des passants du début du chapitre revient à la fin avec celle des « écluses » et de la « vague des taxis », autant de métaphores qui traduisent le point de vue de l'héroïne, sa fascination mais aussi sa peur. Paradoxalement, cette image de l'anéantissement au sein de la foule appelle celle du suicide dans la lande (« j'aurais dû partir ») alors que l'héroïne ne semble plus converser qu'avec elle-même. Désespérée, elle cultive des images de mort (ainsi mentionne-t-elle l'assassin Daguerre dont il a déjà été question au chapitre X, et dont Mauriac parle dans *Les nouveaux mémoires intérieurs*, comme d'un personnage réel de son enfance) et de déréliction, imaginant tour à tour la noyade (ce sera précisément le destin choisi par Guillou et son père, les héros mal aimés du *Sagouin*) et l'enlisement (thème déjà présent dans *Le Baiser au lépreux*).

Les derniers propos échangés entre les époux ne sont plus que stéréotypes et banalités alors même que l'héroïne éprouve la nostalgie du pays natal, ressuscitant de sa mémoire des sensations enfouies et quêtant un geste de réconciliation (« Si Bernard lui avait dit : je te pardonne... »). Les automatismes de Bernard soulignent la vanité de ce rêve, comme de tout espoir de changement, impression que vient accuser la reprise de certaines formules du roman (ainsi l'observation « on ne peut pas prétendre qu'elle soit jolie » apparaissait dès la page 44, de même qu'intervenait à la page 89 l'image du conditionnement « à la voie »). Bernard soudain détendu, au moment du départ (« presque jovial ») et rassuré par la perspective du prochain retour dans ses terres, se félicite, quant à lui, de la situation (« tout va bien ») et coupe court aux atermoiements. Le personnage, même au moment de la séparation est dépourvu de toute noblesse et c'est avec ironie que le narrateur précise qu'il « revint sur ses pas pour rappeler à Thérèse que les consommations étaient payées. »

Conclusion

Dans cette séquence, les répliques du dialogue et les notations objectives du narrateur viennent se superposer au rêve intérieur du personnage.

Ainsi morcelé, le récit gagne en naturel ce qu'il perd en unité, et il gagne en profondeur (*cf.* le jeu des parenthèses et des ellipses) ce qu'il perd en linéarité.

SÉQUENCE 2
(pages 182 à 184)

L'apprentissage de la liberté

La dernière page de *Thérèse Desqueyroux* met en scène l'héroïne dans son nouveau cadre et nous fait assister à sa métamorphose. D'abord déroutée (elle s'obstine à regarder le verre de Bernard), la jeune femme se laisse progressivement séduire par le charme de la capitale : charme de l'inconnu et charme de l'imprévu. Individualisés, les passants n'ont plus rien d'angoissant ni d'inquiétant. Bien plus, ils respirent la bienveillance (« une femme sourit à Thérèse ») et la joie de vivre. Rassurée, Thérèse éprouve l'ivresse de sa liberté et de la nouveauté. Ainsi renonce-t-elle à voir Jean Azévédo, toute à la joie de nouvelles rencontres. L'image de la foule change ainsi de sens, symbole de vie (« une agitation obscure ») et non plus de mort pour cette nouvelle émancipée. Si Thérèse garde les stigmates de l'épreuve (« les pommettes saillantes », « le nez court ») elle semble régénérée par le contact de la capitale. Son appétit pour les nourritures terrestres, son souci d'élégance, son épicurisme révèlent l'euphorie du personnage (« un chaud contentement lui venait »).

Sens symbolique et unité thématique

L'alternance entre le point de vue du personnage et celui du romancier permet de donner tout son sens à cette renaissance : renaissance physique, renaissance psychologique mais aussi renaissance morale car si Thérèse s'est libérée des servitudes familiales, elle s'est aussi libérée d'elle-même. Nul doute que Mauriac ne donne à ce finale un sens profondément spirituel : libre, Thérèse n'éprouve plus ni rancœur ni amertume, mais le sentiment de la délivrance (terme particulièrement riche aux connotations spirituelles). La nouvelle voie qui s'ouvre à Thérèse n'est pas simplement celle de la frivolité et du luxe (restaurant rue Royale etc...) mais bien celle de l'amour : amour de l'autre et amour des autres. Or c'est ce thème qui permet de rassembler dans la page finale l'évocation d'Argelouse et celle de la capitale.

Un même réseau thématique unit les deux mondes (« aimer », « êtres de sang et de chair », « je chéris », « passions »). La fusion s'accomplit par l'échange des règnes : le règne minéral se muant en règne végétal (« ce n'est pas la ville de pierres (...) c'est la forêt vivante ») et le règne végétal en règne humain (« le gémissement des pins d'Argelouse, la nuit, n'était émouvant que parce qu'on l'eût dit humain »). Portées par un rythme ternaire qui leur confère ampleur et régularité, les phrases finales traduisent la sérénité du personnage (« tel pays ou tel autre / les pins ou les érables / l'océan ou la plaine » « Ce n'est pas (...) / ni... / ni... »), une sérénité dont le sens profond apparaît quelques lignes plus loin avec l'adjectif « bienheureuse ». Littéralement, le terme désigne un état de bonheur, mais il peut aussi, dans l'église catholique, désigner une étape vers la sanctification. Ainsi la coquetterie, l'insouciance et l'ivresse évoquées dans le dernier paragraphe, ne sauraient résumer à elles seules l'état d'âme du personnage. Son errance même peut avoir ici un sens symbolique. Image de la destinée et image aussi d'une Providence veillant sur l'héroïne. Tel est bien le sens que Mauriac lui-même donne à cette fin dans sa préface : « Du moins, sur ce trottoir où je t'abandonne j'ai l'espérance que tu n'es pas seule ». Ainsi ce finale ne prend-il tout son sens que dans la perspective chrétienne du romancier. Si Mauriac ne rachète pas à proprement parler son héroïne (peur du sacrilège comme il l'affirme dans sa préface ? ou résistance du personnage à son créateur ?), il lui offre une chance de salut. Lui-même ne reconnaîtra-t-il pas dans *Le nouveau Bloc-notes*, le 6 septembre 1962, « Thérèse Desqueyroux n'est sans doute pas un roman chrétien, mais c'est un roman de chrétien, que seul un chrétien peut écrire » ? Ainsi cette conclusion en point d'interrogation est peut-être moins un finale qu'une ouverture.

Conclusion

Les pages finales de *Thérèse Desqueyroux* témoignent de la virtuosité du romancier : point d'aboutissement, point d'orgue en quelque sorte, elles sont aussi la clé d'une nouvelle partition qui nous conduira de *Ce qui était perdu* (1930) (dont Thérèse occupe un chapitre) aux deux nouvelles : *Thérèse chez le docteur* (1933) et *Thérèse à l'hôtel* (1933) pour conclure par *La fin de la nuit* (1935). Ainsi peut-on parler d'un « cycle de Thérèse » qui suit l'errance du personnage, la faillite de ses espérances et son retour au pays natal. Le chapitre est aussi un chapitre emblématique dans la mesure où il rassemble non seulement les deux héros du roman mais ses thèmes majeurs, reliant ainsi la scène parisienne à l'expérience provinciale. Loin d'être statique, il impose un mouvement dynamique au récit dont il est, en quelque sorte, l'accomplissement. C'est dans ce chapitre que prend corps la confession jusque-là solipsiste de Thérèse, c'est dans ce chapitre que s'esquissent et se perdent les chances d'une réconciliation, c'est dans ce chapitre enfin que Thérèse, libérée des attaches familiales, se libère d'elle-même.

	Temps	Lieux
ch. I	Un soir d'automne 192..	Place du palais de justice de B...
ch. II	La même nuit	Voiture à cheval de B. à Nizan puis le train
ch. III	La même nuit	Le train
ch. IV	La même nuit	Le train
ch. V	La même nuit	Le train
ch. VI	La même nuit	Le train
ch. VII	La même nuit	Le train
ch. VIII	La même nuit	Le train

ET CHRONOLOGIE INTERNE

Retours en arrière	Événements extérieurs
Semaines de l'instruction	Non-lieu
Évocation du passé : enfance, adolescence de Thérèse	Voyage en train
Argelouse et Bernard An I : printemps - Les fiançailles	
Noces et voyage de noces Septembre : lettre d'Anne de la Trave. Retour à Argelouse. Grossesse de Thérèse	
Thérèse, avocate de la famille	
Première maladie de Bernard. Octobre : rencontre de Jean Azévédo	
Lettre de rupture de Jean Azévédo à Anne de la Trave. Solitude de Thérèse	
An II, janvier : naissance de Marie. Anne rentre dans le rang. Été : premier geste criminel, « le tribunal ». Décembre : consultation d'un professeur de Bordeaux Inculpation An III décembre, septembre Instruction	

	Temps	Lieux
ch. IX	La même nuit	Gare de St-Clair St-Clair – Argelouse en carriole
ch. X	La même nuit Le matin suivant Le dimanche suivant	Argelouse
ch. XI	L'automne	Argelouse La maison Desqueyroux
ch. XII	18 décembre	Argelouse La maison Desqueyroux
ch. XIII	Mars An IV	Paris, café de la Paix

ET CHRONOLOGIE INTERNE

Retours en arrière	Événements extérieurs
	Arrivée à St-Clair puis arrivée à Argelouse. « Retrouvailles » avec Bernard. Réquisitoire de Bernard. Thérèse séquestrée.
	Tentative de suicide. Mort de la tante Clara. Funérailles de tante Clara.
	Séquestration de Thérèse. Départ de Bernard pour Beaulieu le 1er novembre. Prostration et rêves de Thérèse.
	Arrivée de la famille Desqueyroux en compagnie du fiancé d'Anne de la Trave. Modification du régime de Thérèse. Projet de séparation.
	Bernard accompagne Thérèse à Paris. Dialogue avorté. Découverte par Thérèse de la liberté.

Synthèse littéraire

LA TECHNIQUE NARRATIVE

Le point de vue

L'essentiel du récit reposant sur une introspection (chap. II, VIII), la narration adopte le plus souvent le point de vue de l'héroïne et la suit dans sa lente résurrection de souvenirs. Même après l'arrivée à Argelouse, lors de la réclusion de Thérèse, le récit, s'attardant sur ses rêveries, privilégie le monologue intérieur. Thérèse, presque toujours seule, sonde son âme, et cette descente en soi-même, ce « *stream of consciousness* » (courant de conscience) cher à Virginia Woolf occupe une grande partie du récit. Le monologue intérieur est annoncé le plus souvent par le verbe outil « penser » et relayé par une formule analogue (« Ainsi songeait Thérèse », « ainsi rêvait-elle, p. 21) et ses pensées sont rapportées tantôt au style indirect (« Il semble à Thérèse que... », p. 18), tantôt au style indirect libre (« Que lui dirait-elle ? » p. 22). C'est à travers le regard de Thérèse que nous découvrons tout à la fois le passé, l'histoire du drame et le présent. Ainsi son point de vue domine-t-il aussi les chapitres où elle se trouve confrontée à son père (ch. I), à Bernard (ch. IX), au clan familial (ch. XII). Cette subjectivité n'exclut pas, en particulier lors de la préparation de la confession, le désir de nuancer son jugement, d'atteindre une mythique objectivité (« Thérèse sourit à cette caricature de Bernard qu'elle dessine en esprit », p. 32). Ainsi le lecteur se trouve-t-il amené à partager ses sentiments, à embrasser sa cause comme si cette confession que Bernard ne lui laissera pas exprimer, s'adressait en définitive à lui, comme si lui seul pouvait l'absoudre.

Si le point de vue de Thérèse prédomine, il est néanmoins constamment doublé par celui de l'écrivain lui-même. D'une part, Mauriac n'hésite pas à prendre du recul en décrivant son héroïne (*cf.* portrait ch. II) ou en introduisant ses réflexions (« Thérèse se souvient que ... ») ; d'autre part, il multiplie les foyers de narration. Au point de vue de Thérèse, se superpose parfois celui de ses proches (regard de Bernard sur ce « monstre » au chapitre IX, défiance d'Anne à l'égard de son ancienne amie au chapitre XII) qui donne un autre éclairage à la scène. Parfois même, Mauriac, faisant abstraction de l'héroïne, focalise son attention sur un autre personnage dont il transcrit les réflexions (Balionte p. 152, ou le docteur Pédemay p. 171). Enfin, il peut intervenir de façon plus directe en exprimant son jugement sous la forme de maximes intemporelles (*cf.* « Les êtres les plus purs ignorent à quoi ils sont mêlés chaque jour », p. 21 ou encore ce jugement sans appel qui condamne Bernard : « Rien n'est vraiment grave pour les êtres incapables d'aimer », auquel on opposera le regard plein d'indulgence qui couve l'héroïne : « Son charme (...) tous ces êtres le possèdent dont le visage trahirait un tourment secret, l'élancement d'une plaie intérieure, s'ils ne s'épuisaient à donner le change », p. 19).

On comprend dès lors que Sartre ait pu dans un article de la *N.R.F.* (repris ensuite dans *Situations I*) déplorer la confusion des points de vue et le va-et-vient entre « Thérèse-sujet » et « Thérèse-objet » (*cf.* sur ce point, le sujet de dissertation proposé). Alors que Mauriac, dans son essai, *Le Romancier et ses personnages*, prétendait « d'une part écrire une œuvre logique et raisonnable, d'autre part laisser aux personnages l'indétermination et le mystère de la vie », concilier « la liberté de la créature et la liberté du Créateur », Sartre lui reprochera d'avoir aliéné la liberté de ses personnages en forgeant *a priori* leur essence.

Pourtant cette alternance des points de vue, si elle ne va pas sans ambiguïté, ne compromet nullement l'unité du récit puisque Thérèse reste toujours au centre du récit. Bien plus, ces glissements subtils, en multipliant les éclairages, ajoutent au récit un « *sfumato* » indispensable comme si la narration elle-même respectait les flottements du personnage.

Les symboles dans *Thérèse Desqueyroux*

Si l'action est secondaire dans *Thérèse Desqueyroux* (l'essentiel du récit ne repose-t-il pas sur un retour en arrière qui désamorce le suspens dramatique ?), en revanche, l'atmosphère y est prépondérante.

Nourrie de l'évocation de la nature, cette atmosphère s'enrichit d'une valeur symbolique en suggérant un paysage intérieur.

Ainsi le drame de Thérèse suit-il le cours des saisons en s'accordant mystérieusement au cycle de la nature. C'est par une pluvieuse soirée d'automne que s'ouvre le roman, et c'est en revanche sur une matinée ensoleillée de mars qu'il se clôt, comme si après l'épreuve de la réclusion, Thérèse renaissait à la vie et participait à la germination universelle. À l'intérieur même du roman, le rythme des saisons ponctue le récit et en livre la tonalité. C'est au printemps qu'ont lieu les fiançailles de Thérèse, alors qu'elle croit commencer une vie nouvelle et « entrer dans un ordre » et c'est au printemps aussi que se situera la convalescence de Bernard. C'est en été, par une journée étouffante, que se déroule le mariage de Thérèse, ce mariage qui aliène sa liberté, et c'est bien sûr en été, lors d'un incendie dévastateur que Thérèse glisse vers le crime. En automne, en revanche, se situent les rencontres avec Jean Azévédo, dont le départ marque l'entrée de Thérèse dans « une ombre sans cesse accrue » ; et c'est en automne aussi qu'a lieu la réclusion de Thérèse.

Évoquée dans son rythme des saisons, la nature est aussi évoquée dans le déchaînement de ses éléments : Eau, Feu, Terre, Air mêlés. La pluie joue un rôle essentiel dans le récit, dès le chapitre I, auquel elle confère une note mélancolique, mais plus encore au chapitre VIII où elle encercle Thérèse (« la pluie ininterrompue multipliait autour de la sombre maison ses milliers de barreaux mouvants »), ou au chapitre XI, où elle s'accorde à son désespoir (« Il pleuvra jusqu'à la fin du monde », p. 150). Jean Touzot remarque dans *La Planète Mauriac* (Klincksiek, 1985) que la pluie est toujours associée chez Mauriac à l'image du réseau ou du filet, que c'est un « élément séparateur ». Quant au soleil, et au feu en général, il exaspère les passions, que ce soit la passion de la chasse chez la jeune Anne (p. 36) ou celle, plus dangereuse, de la liberté, chez Thérèse (chap. VIII). C'est ce même feu qui fait de Thérèse, toujours selon Jean Touzot (*op. cit.*) une « femme-torche » (*cf.* p. 43 : « elle allait couver, pareille à un feu sournois »). Ainsi les chapitres les plus dramatiques s'inscrivent-ils toujours dans un climat paroxystique : incendie dévastateur qui dévore les âmes autant que les pins (chap. VIII), ou déluge universel (chap. XI) ; même le dernier chapitre, pourtant moins désespéré, fait alterner l'image de l'enlisement et de la noyade.

Au couple pluie/soleil, se superpose le couple jour/nuit. La connotation spirituelle est ici évidente puisqu'à la nuit s'associe l'ombre : l'ombre du retour au domicile conjugal et des ténèbres intérieures (« la forêt ne me fait pas peur, ni les ténèbres. Elles me connaissent, nous nous connaissons », p. 124). Enfin la dernière image récurrente dans le roman est la métaphore cynégétique. La chasse n'est pas seulement l'activité quotidienne de Bernard (pp. 77, 95, 115) ou le passe-temps favori d'Anne, au temps de l'adolescence (p. 36), mais un climat qui conditionne la vie de Thérèse, jusqu'aux promenades les plus innocentes (p. 82). Spontanément, elle qui ne chasse pas, agit comme une biche aux abois (« Il faut s'arrêter à chaque instant (...) se tapir », p. 83), comme ce gibier (p. 80) qu'elle se croit devenue, après sa libération (p. 20).

À la chasse s'associe l'image de la cage et de la réclusion. Nul doute que Thérèse prise au piège du mariage, ne se compare aux palombes captives que Bernard a entassées dans son sac, prête à tout pour échapper à cette cage vivante « tapissée d'oreilles et d'yeux » (p. 59). Prisonnière de Bernard, Thérèse le sera plus encore au temps de la réclusion, mais sans doute est-elle aussi et jusqu'au bout, prisonnière d'elle-même, de ses passions, de ses doutes et de ses contradictions.

CADRE ET PERSONNAGES

Un roman provincial

La place de la nature

Thérèse Desqueyroux, à l'instar des autres œuvres de Mauriac, se présente comme un roman provincial : roman de la province et roman d'une province. C'est en effet dans la région landaise, chère à son cœur, que Mauriac choisit de situer son roman. L'essentiel de l'intrigue se déroule donc dans les limites de la « Petite Gironde », au cœur de villages réels dont Mauriac se contente de transposer les noms ; ainsi Jouanhaut devient-il, pour les besoins de la fiction, Argelouse ; Bazas, la mystérieuse ville de B. citée au début du roman et St-Symphorien, St-Clair. Bordeaux même n'est évoqué qu'accidentellement (ainsi lorsque Mme de la Trave mande un professeur réputé pour ausculter Bernard). Quant à Paris, c'est, jusqu'au chapitre XIII, (et si l'on excepte un passage-éclair des époux au retour du voyage de noces) une ville mythique dont seul Jean Azévédo possède les clefs. C'est ce cadre austère, ce pays sauvage (« le morne pays des ombres où grelottent des âmes désincarnées », avait-il écrit dans une première version), cette « extrémité de la terre » (chap. III) que Mauriac adopte pour décor.

Il s'agit moins ici d'un décor que d'un personnage à part entière, tour à tour hostile (chap. XI) et bienveillant (chap. XIII), aussi contradictoire que Thérèse elle-même. Une succession de tableaux ressuscite cette province landaise, évoquant une nature aride et désolée où des kilomètres de landes et de marécages, seulement interrompus de quelques pinèdes, s'étendent à perte de vue. Si Mauriac évoque le relief, la faune et la flore de sa région natale, il s'attache aussi à en rendre les couleurs (monochromie de gris l'hiver, camaïeu d'or et de pourpre l'été), les bruissements et les saveurs, transposant dans sa fiction les souvenirs de « l'adolescent d'autrefois ». C'est dire que ce paysage n'est pas seulement doué de vie, mais doué d'une âme : radieux lors des étés de l'adolescence, morne et accablant au temps du mariage, hostile même durant les mois de la réclusion, et finalement bienveillant au moment du départ. Ainsi cette nature qui hante le roman (investissant même le chapitre parisien) revêt-elle les couleurs d'un paysage intérieur. Dans ce cadre prennent place un certain nombre de scènes provinciales : scènes officielles (le mariage au milieu des notables de St-Clair, les funérailles de tante Clara, la visite hebdomadaire au père...) et scènes de la vie quotidienne (chasse à la palombe, incendie de forêt...) que viennent accréditer un certain nombre de régionalismes (les « brandes », la « fougasse », « les miques », « les jouquets », les « gemmes »...).

Le conformisme provincial

Roman d'une province, *Thérèse Desqueyroux* est aussi un roman de la province, dans la mesure où Mauriac a peint un milieu, une mentalité, des mœurs à valeur emblématique. Malgré leurs attaches régionales, les bourgeois et les paysans de *Thérèse Desqueyroux* restent universels. Leurs activités, leurs préoccupations, leurs valeurs sont, à peu de choses près, celles de tout propriétaire terrien ou de tout paysan. Curieusement même, tout conflit social est gommé et les domestiques partagent le conformisme de leurs maîtres. Ce conformisme repose sur le respect de certaines valeurs : amour de la terre (« la lande a gardé leur – celui des hommes – cœur ; ils continuent d'y demeurer en esprit ; rien n'existe pour eux que les plaisirs qu'elle leur dispense »), culte de la famille (comme en témoigne le leitmotiv de Bernard : « Il importe pour la famille »), goût de l'ordre : ordre **politique** (ainsi Monsieur Larroque, radical, « pense mal » aux yeux des Desqueyroux) ; ordre **social** (d'où l'anathème jeté sur tous les « marginaux », qu'ils se situent hors du clan familial – comme Jean Azévédo – ou en son sein même – comme la grand-mère Bellade ou Thérèse elle-même) ; ordre **religieux** aussi, dans la mesure où l'église est garante de la morale bourgeoise. Pourtant l'amour de la terre est moins amour de la terre qu'amour de la **propriété** (ainsi Thérèse reconnaît avoir « la propriété dans le sang » (chap. III) et Balionte s'indigne-t-elle de voir brûler « des draps tissés sur la propriété », chap. XI) ; le culte de la famille est moins culte de la famille que culte du patrimoine (ainsi Marie est-elle aux yeux de Bernard, l'héritière des Desqueyroux avant d'être sa fille) et la pratique de la religion est moins pratique de l'Évangile que d'un certain rituel (messe dominicale, procession de la Fête-Dieu, funérailles...).

Le respect de ces valeurs repose sur un certain nombre de préjugés auxquels Monsieur Larroque, qui fait pourtant figure d'esprit fort, n'échappe pas. Condescendance des hommes à l'égard des femmes, parternalisme des maîtres à l'égard des domestiques, méfiance à l'égard de tout ce qui est étranger ou nouveau (ainsi le nouveau prêtre accusé de manquer « d'onction »). Comme il existe un ethnocentrisme, on pourrait parler ici de régiocentrisme comme si, aux yeux de ces bourgeois de province, rien n'existait hors du périmètre sacré. Le voyage de noces (voyage aux lacs italiens, comme il se doit) est plus une concession à la tradition que l'expression d'une curiosité authentique et le passage-éclair à Paris, un séjour qui n'échappe à aucun des clichés du genre (music-hall, restaurant du Bois etc...). Ainsi dès le premier chapitre, le lecteur pénètre-t-il dans un univers confiné, sclérosé et comme pétrifié.

Un univers de fantoches

C'est dans ce cadre figé que prennent place des personnages eux aussi figés, stéréotypés et creux. Personnages interchangeables, pharisiens que ne rebute aucune hypocrisie.

Parmi ces fantoches, Bernard, l'époux de Thérèse, occupe une place de choix. « Garçon raisonnable » aux idées arrêtées, aux certitudes établies, toujours « à la voie » comme ses carrioles (*cf.* p. 181), il incarne l'homme de la terre qui a gardé, malgré sa position de bourgeois, des goûts frustes et sauvages, qui aime aller à la chasse et s'entretenir en patois avec les paysans, et lire le soir au coin du feu *La Petite Gironde*. Bovary bordelais, si ce n'est qu'à la différence du héros de Flaubert, Bernard est aussi un cœur sec (« incapable d'aimer », chap. IX p. 129), un être calculateur, mesquin et péremptoire. Par instants cependant, le portrait se nuance lorsque le romancier, soucieux de rétablir la vérité, nous montre le personnage sous un autre jour. Quelques failles dans le roc (*cf.* chap. XIII), quelques qualités que Thérèse s'accorde à lui reconnaître (simplicité, bonne foi, et même bonté avec les métayers, chap. III) corrigent le portrait et nous montrent un homme conditionné jusqu'à être étouffé par le conformisme familial, victime en définitive plus que bourreau.

Derrière Bernard, d'abord dans l'ombre, puis de plus en plus envahissante, la belle-mère : Madame de la Trave. Nouvelle Génitrix, en adoration devant son fils (*cf.* chap. XII), qui prétend régenter la vie familiale. Ses jugements sans appel, ses décisions sans recours manifestent une intelligence limitée, illustrée par la réflexion que lui prête ironiquement Mauriac : « Anne, Dieu merci, n'a pas la manie de lire ; je n'ai jamais eu d'observation à lui faire sur ce point » (chap. V). Ses propos, comme ceux de Bernard, respirent la banalité et souvent la médiocrité. Maximes, clichés, métaphores éculées émaillent un discours aussi creux que le personnage.

Le beau-père, quant à lui, fait plutôt figure de comparse, simple figurant qui n'a jamais droit à la parole et dont l'indulgence n'ose s'exprimer (« Rien ! rien ! répondait-il à sa femme qui, un peu sourde, l'interrogeait », ch. V).

Le père de Thérèse, s'il a davantage de personnalité, est un opportuniste sans envergure. Peu lui importe sa fille, pourvu que sa carrière politique soit épargnée par le scandale. Grandiloquent à ses heures, il affiche un radicalisme de bon ton et un anticléricalisme tout aussi convenu que la religion des Desqueyroux, persuadé, quoi qu'il en soit, qu'il n'est de richesse que de la terre (« ces personnes (...) n'en demeuraient pas moins d'accord sur ce principe essentiel : la propriété est l'unique bien de ce monde », chap. VI p. 80).

Dans cette galerie de personnages caricaturaux, il manque symboliquement le seul être qui eût pu combler la frustration affective de Thérèse : une mère ; aussi se raccroche-t-elle désespérément, dès l'enfance, à l'amitié d'Anne de la Trave.

Anne de la Trave est le négatif de Thérèse : insouciante, frivole, superficielle même dans son amitié. Au sentiment passionné et quelque peu équivoque de son amie, elle répond par un attachement « raisonnable ». Il faut la rencontre d'Azévédo, le jeune intellectuel parisien, pour éveiller en elle la passion et la rébellion, mais quelques mois suffisent pour la ramener dans le giron familial et faire d'elle le *parangon* de la jeune fille rangée, évolution exactement inverse de celle de Thérèse. Même dans ses velléités d'émancipation, elle reste, elle aussi, un personnage vain et léger, une « couventine à l'esprit court » qui n'a rien deviné du tourment de Thérèse et de sa jalousie dévorante (*cf.* le geste symbolique par lequel elle « tue » son rival au chap. IV).

Évoquer Anne de la Trave, c'est aussi évoquer Jean Azévédo, un personnage aux antipodes du clan familial, mais dont le rôle reste trouble. Séducteur insouciant, il joue avec les sentiments d'une petite bourgeoise de province ; intellectuel suffisant, il pousse Thérèse à la rébellion au nom d'un nietzschéisme primaire. Sous un vernis de culture, le personnage se révèle assez vite vain, frivole et égoïste, plus soucieux d'éblouir Thérèse que de lui venir en aide (*cf.* chap. VIII). Tentateur, il l'est, mais sans doute est-ce lui faire trop d'honneur que de voir en lui une figure diabolique (telle est pourtant l'opinion de Maurice Maucuer in *Thérèse Desqueyroux*, coll. Profil d'une œuvre). À travers lui, c'est la suffisance et l'inconsistance de l'intelligentsia parisienne que Mauriac a voulu stigmatiser.

Derrière ces personnages s'agite un peuple de comparses : notables (avocat, médecin, pharmacien), domestiques attachés au service des Desqueyroux (Balion, Balionte, le cocher Gardère), métayers, ... tous plus ou moins stéréotypés. Seules échappent au conformisme ambiant deux figures marginales : d'une part le prêtre solitaire, auquel la bourgeoisie bien-pensante reproche de délaisser « les bonnes œuvres », d'autre part, la vieille sourde tante Clara, à laquelle on pardonne tout juste son radicalisme. Deux personnages moins opposés qu'il n'y paraît puisque derrière son anticléricalisme apparent, tante Clara est « plus croyante qu'aucun la Trave » (chap. VI), plus charitable et plus authentique aussi...

Portrait d'une criminelle

À l'opposé de cet univers de fantoches, Mauriac dessine un personnage contradictoire et insaisissable. Le portrait de Thérèse n'apparaît que progressivement et prend forme au fil du récit. Loin de nous livrer le personnage une fois pour toutes, le romancier ménage un certain flottement dans l'analyse, soucieux de laisser à Thérèse « l'illogisme, l'indétermination, la complexité des êtres vivants » (Pierre-Henri Simon, *Mauriac par lui-même*). Le portrait physique lui-même n'a rien de conventionnel ; non seulement Mauriac le diffère jusqu'au chapitre II, mais il reste très elliptique, presque symbolique, réduit à quelques traits signifiants (« joues creuses, pommettes, lèvres aspirées et ce large front... »). Quant au portrait moral, il est l'objet même du récit, puisque le suspens dramatique est, d'emblée, désamorcé. Ce portrait s'enrichit de trois points de vue : celui du romancier bien sûr, celui de l'héroïne, et celui des autres personnages. D'un chapitre à l'autre, naît une continuité psychologique au fur et à mesure que le romancier évoque l'évolution du « cœur enfoui » (*cf.* préface) vers le « monstre ». Ainsi Thérèse n'est-elle pas née criminelle (à la différence d'une lady Macbeth ou d'une Phèdre), mais l'est elle devenue, et le roman n'est autre chose que l'histoire des occasions perdues, des dialogues avortés, des affections mutilées qui eussent évité l'irréparable. Il n'y a donc pas pour Mauriac de fatalité de la faute[1], et il paraît excessif d'invoquer son jansénisme* alors même que le romancier se refuse à opposer schématiquement les Justes illuminés par la Grâce, aux autres.

Soucieux de remonter jusqu'à la source (« mais l'enfance est elle-même une fin, un aboutissement », p. 25), Mauriac nous livre son personnage dans une perspective diachronique. Si l'enfant porte en germe l'adulte, si tout est donné d'emblée, tout est encore possible. L'adolescente lucide et déjà frondeuse (« lycéenne raisonneuse et moqueuse »), cruelle à ses heures (« je jouissais du mal que je causais »), est aussi un être assoiffé de tendresse, quêtant l'amitié d'une jeune fille insipide. Dès l'adolescence, la passion semble la clé du personnage, passion qui cherche à s'investir et qui déjà fait l'expérience de l'indifférence (Anne « ne souhaitait pas de la voir tous les jours », p. 37).

À défaut de pouvoir reporter cette passion sur son fiancé, elle la confond avec son amour de la terre et de la propriété, par une sorte de transfert (« lui aussi d'ailleurs était amoureux de mes pins », p. 40). Mais, habitée par des « forces obscures » (chap. IV), elle ne peut trouver d'exutoire dans un mariage de convenances, aux antipodes de l'union rêvée. Déçue dans son attente et contrainte au silence face à

---

1. Certaines phrases cependant, entretiennent le doute, comme cette formule p. 139, « tendances, inclinations, lois du sang, lois inéluctables ».

un époux borné, elle découvre la jalousie au moment même ou elle aurait dû s'épanouir. Ainsi le retour du voyage de noces se confond-il avec l'image d'une double trahison. Trahie dans son amitié par Anne de la Trave qui l'oublie dans les bras de Jean Azévédo, Thérèse est aussi en quelque sorte trahie par la vie, qui lui refuse les joies légitimes de la passion. Ainsi la jalousie est-elle le moteur de son premier crime, de cette lettre assassine par laquelle Azévédo, grâce à sa complicité, rompt avec Anne de la Trave.

À ce moment du récit, le personnage semble se dédoubler et laisser surgir une Thérèse insoupçonnée, aigrie et comme exaspérée par la vacuité de son existence. Cette expérience du dédoublement est exprimée à plusieurs reprises, comme si l'héroïne avait assisté passivement à un déchaînement de passions dont elle n'eût été que le théâtre (Thérèse « fut étonnée de sa figure dans la glace », p. 53). Pourtant cette découverte d'un *alter ego* n'a jamais le caractère manichéen que lui attribue Stevenson dans sa nouvelle fantastique *Docteur Jekyll et Mr Hyde* ; au contraire, Mauriac ne cesse d'insister sur une unité psychologique, par un tissu de liens et de correspondances secrètes. Son passage au crime est vécu alternativement sur le mode de la lucidité et sur le mode de l'aveuglement. L'héroïne semble passer tour à tour d'un état de conscience suraigu à un état quasi somnambulique, absorbée par le crime, comme par un vertige. Tous les événements (à commencer par sa maternité) semblent s'effacer de sa conscience et jusqu'à l'appréhension même de son corps (« Elle apercevait les êtres et les choses et son propre corps et son esprit même ainsi qu'un mirage, une vapeur suspendue en dehors d'elle »). Le crime lui-même n'apparaît que fortuitement au gré des circonstances, et s'impose presque de l'extérieur à l'héroïne. Jusqu'au bout, le romancier maintient l'ambiguïté sur la responsabilité de Thérèse, entraînée par une coupable nonchalance vers le crime. Du crime potentiel au crime actualisé, il n'y a qu'un pas que Thérèse franchit aisément (« le premier jour où (...) je fis tomber... », p. 113). Pourtant ce pas décisif est franchi dans un état d'inconscience (*cf.* : « elle s'est engouffrée dans le crime béant », ou mieux, encore, la tournure passive : « elle a été aspirée par le crime », p. 114) tel que Thérèse perd tout sens de la réalité, agissant « sans réfléchir, comme une brute ». Une fois enclenché, le mécanisme semble irrésistible et le crime, une nécessité inéluctable (« un affreux devoir ») à laquelle Thérèse ne saurait se soustraire. Est-ce à dire que le personnage n'est pas coupable et que Mauriac l'absout ?

Aux yeux des autres protagonistes, il va sans dire que Thérèse est un monstre (« qu'y a-t-il d'humiliant à avoir épousé un monstre... », p. 129) et une créature diabolique : jugement sommaire mais commode qui entretient la bonne conscience. Ainsi Bernard évite-t-il, du moins jusqu'à sa « défaillance », au chapitre XIII, de se poser des questions embarrassantes. Peser la responsabilité de Thérèse, n'est-ce pas implicitement suggérer celle de l'entourage ? Thérèse elle-même abonde dans son sens et plaide coupable au long de sa confession, reconnaissant avoir cédé à une tentation, un démon intérieur. Dans le même temps cependant, elle insiste sur son inconscience, son absence au monde. Elle ira jusqu'à estimer dans *La Fin de la Nuit* qu'elle « était une démente qui faisait exprès de ne pas compter les gouttes qu'elle faisait tomber dans le verre de son mari ». Quant à Mauriac, il se garde bien de porter un jugement comme si, Thérèse, non contente d'échapper au lecteur, avait aussi échappé à son créateur lui-même. N'avouera-t-il pas, dans *Le Romancier et ses personnages* : « Pourquoi Thérèse a-t-elle voulu empoisonner son mari ? Ce point d'interrogation a beaucoup fait pour retenir au milieu de nous son ombre douloureuse », et plus loin encore « l'âme troublée et passionnée, elle est inconsciente des mobiles de ses actes ». Ainsi, l'ambiguïté du personnage demeure.

QUELQUES CLÉS DE LECTURE

Un roman de l'incommunicabilité

À feuilleter *Thérèse Desqueyroux*, on reste frappé par la rareté des dialogues (et quels dialogues !) et à l'inverse par la prépondérance de l'introspection et de l'analyse solipsiste. L'univers de Thérèse est celui du silence, du sous-entendu, de l'ellipse ; aussi demeure-t-elle fascinée par la volubilité d'Azévédo et sous le charme de sa parole (« tant d'impudeur, cette facilité à se livrer, que cela me changeait de la discrétion provinciale, du silence que chez nous, chacun garde sur sa vie intérieure », p. 88). Dans ce monde fossilisé, il n'est de place que pour les clichés et les banalités, comme si toute confidence, tout aveu était par avance jugé inconvenant. Accrochés à leurs préjugés et à leurs certitudes bien établies, les personnages semblent redouter toute conversation un tant soit peu intime. Ainsi se contente-t-on de faux-fuyants, de non-dits, d'allusions rassurantes comme si toute parole sincère était minée, susceptible de faire voler en éclats le précieux équilibre social et moral.

En fait de dialogues, il y a surtout, dans le roman, des échanges de propos anodins (chap. III), convenus (chap. VIII), ou pragmatiques (chap. I) et des discussions stéréotypées (chap. VI). La « conversation » entre Bernard et Thérèse au chapitre IX n'est qu'un réquisitoire de Bernard et celle du chapitre XI un rappel des consignes de réclusion. Ainsi ne sort-on jamais des sentiers battus ni d'un confortable conformisme, ce qui explique que l'exaspération de Bernard au chapitre XIII provienne essentiellement de « l'horreur (...) des paroles différentes de celles qu'il est d'usage d'échanger chaque jour » (p. 181). Quant aux tentatives de Thérèse pour secouer les préjugés de Bernard et relancer la polémique, elles se heurtent à l'incompréhension, ou pire, à l'esquive (« je sais que tu t'amuses », p. 58). Ainsi désamorcée, la conversation avorte et Thérèse en est réduite à adopter un masque, à endosser le personnage que lui impose le clan Desqueyroux. Lorsque, par hasard, un échange personnel s'offre à elle (chap. V), la jalousie lui interdit toute sincérité et la contraint de nouveau à l'hypocrisie. Seules font exception les rencontres avec Jean Azévédo (chap. VI et chap. VII), mais peut-on parler de dialogue, alors que l'intarissable jeune homme accapare la parole et se méprend sur « cette simplicité trompeuse (...) ce regard direct (...) ces gestes jamais hésitants » ?, p. 102. Thérèse elle-même ne reconnaît-elle pas qu'il « parlait distraitement » (chap. VI), tout à la joie d'éblouir une provinciale ? Au fil du récit, les échanges se font encore plus rares et le chapitre XII, qui marque la fin du calvaire de Thérèse, ne présente qu'un entretien formel et figé. Il n'y a guère que le chapitre XIII qui, *in extremis*, amorce une conversation authentique entre Bernard et Thérèse mais, à peine ébauché et malgré les efforts de Thérèse, l'échange tourne court.

Pas plus que les mots, les gestes ne sauraient rétablir l'échange entre les conjoints. À cet égard, les scènes d'intimité conjugales sont particulièrement révélatrices de leur opposition. La fièvre de Bernard ne suscite que l'indifférence, voire la répulsion de Thérèse et les images qui lui viennent à l'esprit (« un monstre », « ce fou ») durant le plaisir, sont celles-là même dont on la gratifiera, après la tentative de crime. Dès leur retour à Argelouse, ils mènent deux vies parallèles et désaccordées.

Ainsi le personnage le plus symbolique du roman est-il celui de la vieille tante Clara que la surdité a « emmurée vivante », (p. 122). Entre la vieille infirme et Thérèse, se tisse un réseau de correspondances. Marginalisée par son handicap, tante Clara est aussi marginalisée au sein des Desqueyroux par son anticléricalisme, mais toute disposée à choyer une nièce dont elle n'a pas compris la faute. Guidée par son intuition cependant, elle pressent le drame et les tensions (« que ne déchiffrait-elle pas sur les figures des hommes qu'elle n'entendait pas ? »), moins sourde finalement que tous ces bien-portants repliés sur eux-mêmes. Sa tendresse, cependant, ne parvient pas à briser la froideur de Thérèse, trop occupée d'elle-même pour mesurer la grandeur de ce dévouement jusqu'à ce que la mort lui fasse regretter « le vieux corps fidèle qui s'est couché sous ses pas ». Indifférente à tante Clara, Thérèse l'est tout autant à l'égard de sa propre fille, aussi délègue-t-elle ses responsabilités de mère à Mme de la Trave et à sa fille, trop heureuses de la supplanter. Si la maternité est d'abord pour elle une servitude, c'est aussi une forme d'aliénation qui, non contente de la priver de la liberté, la prive aussi de sa singularité (« Avec cette chair détachée de la sienne, elle désirait ne plus rien posséder en commun ».) Ainsi l'incommunicabilité est-elle le drame profond de Thérèse, drame d'autant plus poignant qu'elle se refuse les seules chances d'un échange véritable (elle-même reconnaît son égocentrisme : « je serais impatiente de me retrouver seule avec moi-même », p. 165).

On ne s'étonne donc pas de la fréquence du thème du silence : silence des hommes et silence de la nature (*cf.*, pour les occurrences du terme, l'Index thématique). Évoqué régulièrement dès le début du roman, le thème devient le motif central du chapitre VII, lorsque Thérèse, après le départ de Jean Azévédo, retrouve sa solitude. Personnifié, il peut même devenir inquiétant, suggérer une présence hostile et étouffante, complice de l'hypocrisie familiale (*cf.* le leitmotiv : « il faut faire le silence », p. 93, p. 170). Ce n'est qu'au moment de quitter Argelouse et de conquérir sa liberté, que Thérèse découvre la vie de la nature. C'est dire que ce silence est avant tout la projection de son angoisse, et une notion subjective qui renvoie au point de vue.

Un roman chrétien ?

Si Mauriac avouait dans son *Bloc-notes*, que *Thérèse Desqueyroux* n'est pas un roman chrétien, il reconnaissait cependant que « c'est un roman de chrétien, un roman que seul un chrétien peut écrire ». En effet, en renonçant à créer un roman édifiant consacré à « des cœurs ruisselants de vertu » (*cf.* Préface), Mauriac renonce à écrire un roman chrétien mais n'abdique pas pour autant toute ambition spirituelle. Loin d'être de la complaisance, son intérêt pour un « cœur enfoui », une « créature odieuse » participe de la charité évangélique – charité qui n'exclut pas, contrairement à ce que lui reprochèrent ses détracteurs, lors de la parution du roman, la lucidité.

L'errance de la brebis perdue entraînée au crime faute d'avoir rencontré un peu d'amour, l'amène à faire le procès d'une religion bien-pensante et formaliste. Ainsi deux catholicismes s'opposent dans le roman : le catholicisme figé d'une bourgeoisie pharisienne, et le catholicisme authentique de quelques individus isolés. Mauriac stigmatise le conformisme religieux des Desqueyroux dans la mesure où il est plus un devoir social qu'une nécessité intérieure. Ces pseudo-chrétiens imbus d'eux-mêmes et de leurs prérogatives conçoivent la religion comme un garant de l'ordre social, et le clergé comme un corps à leur solde. Malheur au prêtre individualiste qui délaisse les bonnes œuvres et néglige la compagnie des notables ! Ce catholicisme s'accommode fort bien d'une certaine bonne conscience, d'un goût prononcé pour la propriété et de préjugés enracinés (comme l'antisémistisme, *cf.* p. 57). On concilie Dieu et Mammon jusqu'à réserver à celui-ci une place de choix (ainsi Bernard est-il avant tout un matérialiste : « le goût qu'il avait des propriétés, de la chasse, de l'automobile, de ce qui se mange et de ce qui se boit : la vie enfin », p. 130). Cela suppose le respect de la tradition, le sens du cérémonial (messe dominicale, procession de la Fête-Dieu, obsèques...), et aussi le sens de la représentation puisque la messe pour Bernard est l'occasion rêvée d'afficher l'union du clan familial (« Il se disait encore que tout le bourg, impatient de savourer leur honte serait bien déçu chaque dimanche à la vue d'un ménage aussi uni », p. 132). Plus rien d'authentique dans ce christianisme dénaturé, pas même le sens du pardon, pas même le sens de l'amour.

Mauriac lui oppose un catholicisme tout autre, le catholicisme mystique du nouveau prêtre d'Argelouse, ou le catholicisme qui s'ignore de tante Clara, « au fond, plus croyante qu'aucun la Trave », p. 80). Marginaux tous les deux dans cet univers bien-pensant, ils ont donné, par une foi authentique, un sens à leur vie. Tante Clara, si virulente à l'égard du clergé, est le personnage le plus aimant et le plus dévoué du roman, si oublieuse d'elle-même qu'elle meurt au moment même où sa nièce envisage de se suicider, devenant ainsi l'instrument de la Providence.

Le roman est parsemé de signes, qui manifestent la présence de l'Esprit au cœur même de la criminelle. Femme des ténèbres, Thérèse aspire inconsciemment à une rédemption spirituelle, rêve de « l'aventure intérieure », de « la recherche de Dieu » (p. 174), loin de tout simulacre odieux. Ainsi le roman est-il l'histoire d'une quête tâtonnante, hésitante et finalement incertaine. À la veille du drame, Mauriac représente l'héroïne intriguée par la personnalité du prêtre et par la force de sa foi (« quel réconfort puisait-il dans ses rites quotidiens ? »), puis lors des funérailles de tante Clara, fascinée par le mystère de la Consécration, et même tentée de prier lorsqu'elle veut se suicider (« S'il existe cet Être (...) puisqu'Il existe, qu'Il détourne la main criminelle »). Ainsi la Grâce semble se frayer un chemin dans son cœur et c'est faute d'une parole bienveillante de Bernard qu'elle renonce, à la fin du roman à la « vie de méditation, de perfectionnement » qu'elle a un instant caressée. Ouvert à tous les possibles, le destin de Thérèse paraît promis à ce « hasard » (dernier terme du roman) dont nous savons qu'il est pour Mauriac, une image de la Grâce.

Lexique

VOCABULAIRE DE L'ŒUVRE

Aconitine : alcaloïde extrait de la racine de l'aconit, analgésique puissant et dangereux.

Brande : bruyère.

Digitaline : extrait de feuilles de digitale, poison violent (à faible dose, remède contre les affections cardiaques).

Dreyfus (affaire) : évoquée en particulier au chapitre IX ; Dreyfus, officier d'origine israélite, fut accusé d'avoir écrit un bordereau destiné à un agent allemand et concernant des secrets de défense nationale. Dégradé en 1894, il fut déporté à l'île du Diable. Une campagne se déclencha pour prouver la culpabilité du commandant Esterhazy, mais celui-ci fut acquitté. L'opinion française se divisa entre les dreyfusards, soucieux de défendre les droits de l'individu (radicaux et socialistes) et les antidreyfusards soucieux de sauvegarder les institutions (conservateurs). Dreyfus fut gracié en 1902 et réhabilité en 1906.

Fougasse : appellation méridionale de la fouace, galette (*cf.* Rabelais, *Gargantua*).

Fowler : Médecin anglais du XVIIIe siècle. A donné son nom à une liqueur médicamenteuse à base d'arsenic.

Gemme : résine des pins à partir de laquelle on fabrique l'essence de térébenthine.

Jouquet : cabane rudimentaire où l'on ne chasse qu'au fusil avec des appeaux.

Métaieries : maisons des métayers, ou plus largement, exploitation agricole dont le métayer (qui devait donner la moitié des récoltes et de l'élevage au propriétaire) a la charge.

Palombe : nom régional du pigeon ramier.

Pignades : mot gascon désignant une forêt de pins.

Radical (parti) : parti apparu d'abord en Angleterre au XVIIIe siècle, puis en France sous la IIIe République, en particulier en 1902.

VOCABULAIRE CRITIQUE

Béotien : personne lourde, de goûts grossiers.

Chiasme : figure de rhétorique formée d'un croisement des termes (là où le parallélisme serait normal) ; exemple : il faut manger pour vivre et non vivre pour manger.

Diastole : mouvement de dilatation qui alterne avec mouvement de contraction (**systole**).

Diégèse : du grec *diegesis* (récit), désigne ce qui ressortit à l'histoire racontée et à sa chronologie, par opposition au récit (ou énoncé). Au temps de la chose racontée se superpose donc le temps du récit, totalement autonome.

Focalisation : gros plan sur un personnage ou sur une scène.

Instance narrative : personnage qui conduit le récit. Il peut y en avoir plusieurs, comme il y a plusieurs points de vue, un narrateur extradiégétique, un narrateur intradiégétique (qui sera un des héros de l'histoire).

Jansénisme : de l'évêque Jansen (1585-1638) qui élabora une doctrine de la Grâce et de la prédestination. Désigne le mouvement auquel il donna naissance, en particulier en France avec les religieux de Port-Royal.

Monologue intérieur : transcription à la première personne d'une suite d'états de conscience.

Oxymore : alliance de mots au sens contradictoire.

Parataxe : construction par juxtaposition, sans qu'un mot de liaison indique la nature du rapport entre les phrases.

Point de vue : angle sous lequel un récit est abordé. La juxtaposition de plusieurs points de vue entraîne souvent une pluralité d'instances narratives.

Prétérition : figure par laquelle on attire l'attention sur une chose en déclarant n'en pas parler.

Prolepse : du grec prolepsis (anticipation), procédé qui consiste à anticiper un C.O.D. ou un sujet, afin de le mettre en valeur.

Réifiant : qui transforme quelqu'un en chose.

Singulatif : ce qui n'apparaît qu'une fois. Par opposition à **itératif** (ce qui se répète).

Style indirect libre : procédé qui consiste à intégrer dans le récit les pensées d'un personnage, en maintenant la troisième personne et le temps de la narration.

Synesthésie : perception simultanée de plusieurs sensations.

Jugements critiques

SUR LE PERSONNAGE DE THÉRÈSE

Thérèse, une criminelle passive

Thérèse, à la lumière du récit, comme d'après les déclarations faites à son sujet par Mauriac, apparaît comme incarnant au suprême degré la conception mauriacienne du péché : le péché passif, involontaire, celui qu'on commet malgré soi, sans rien faire pour cela. Si elle obsède à ce point son créateur, nous dit celui-ci dans la préface de *La Fin de la nuit*, « c'est à cause de cette puissance qui lui est donnée pour empoisonner et corrompre », fût-ce contre son désir ou sa volonté consciente, comme une fatalité, une malédiction qui pèse sur elle, si forte « qu'elle appartient à cette espèce d'êtres qui ne sortiront de la nuit qu'en sortant de la vie » et dont la nocivité ne disparaîtra qu'avec la mort. Aussi n'attend-on même pas d'eux qu'ils luttent contre cette destinée, bien moins encore qu'ils lui échappent (entreprise par hypothèse impossible) : « Il leur est demandé seulement de ne pas se résigner à la nuit. » Moyennant quoi on peut espérer qu'à la minute suprême Dieu leur enverra le prêtre qu'il faut, celui qui saura les réconcilier – on serait tenté de dire « les exorciser ».

Claude-Edmonde Magny, *Un romancier quiétiste, François Mauriac, Histoire du roman français depuis 1918*, Seuil, 1950.

Thérèse, sorcière ou sourcière ?

Non pas sorcière, mais sourcière, qui fait jaillir les eaux cachées. Il ne s'agit pas d'un empoisonnement, mais d'une guérison miraculeuse, comparable à celle dont Thérèse rêvait au temps de sa séquestration à Argelouse : « Un enfant d'Argelouse (un de ceux qui fuyaient à son approche), était apporté mourant dans la chambre de Thérèse ; elle posait sur lui sa main toute jaunie de nicotine, et il se relevait guéri. » Rêve dérisoire, mais qui révèle, dans sa vie apparemment sans but, le désir insatisfait de faire un geste qui sauve. L'explication maladroite donnée à Bernard pour justifier l'injustifiable (« Pourquoi avez-vous fait cela ? » demande-t-il ; elle répond : « pour voir dans vos yeux une inquiétude, une curiosité, – du trouble enfin »), reconnaît, dans le geste qui tuait, un moyen, absurde ou désespéré, d'arracher Bernard à son univers étroit et rassurant, et de l'éveiller à la vraie vie, celle où rien n'est sûr, ni simple.

Maurice Maucuer, in l'Article « *Sainte-Locuste* »,
Cahiers de l'Herne, 1985.

SUR LA TEMPORALITÉ DANS LE RÉCIT

Suspense et monologue intérieur

Le suspense mauriacien tire ici sa force et son originalité de l'attente anxieuse créée, certes, dans l'esprit du lecteur, mais plus encore dans la conscience mouvante de Thérèse. Mouvance, mais avant tout expression, répétons-le, d'un corps à corps avec l'incommunicable. Pour Thérèse, condamnée à l'impossible dialogue avec Bernard, reste la solution du seul face-à-face possible : avec sa propre conscience. Ainsi naît cet autre procédé narratif : le monologue intérieur, tout aussi efficace dans le freinage de la temporalité mauriacienne. On connaît depuis Virginia Woolf ce mode narratif privilégié, véritable technique de l'intériorité, qui permet à la conscience, à « (...) cet immense monde enchevêtré toujours changeant, jamais immobile (...) », de dialoguer avec elle-même, hors de tout contrôle, délivrée de son poids d'angoisse. Technique particulièrement adaptée à Thérèse et dont Mauriac utilise en virtuose toutes les ressources. Enfermée dans le ghetto de son moi, la narratrice va donc enfin pouvoir donner libre cours au tout-venant de ses songes, permettre à son angoisse de lancer ses cris feutrés, allant même parfois – suprême raffinement et cas extrême du monologue intérieur – jusqu'à interpeller et tutoyer sa conscience : « Ma première rencontre avec Jean... (...) Rappelle-toi : ce soleil d'octobre brûlait encore (...). Ah ! rappelle-toi sa stupéfaction non jouée, ce juvénile éclat de rire : " Alors, vous croyez que je veux l'épouser ? " » Oui, marche singulière du temps de Thérèse à travers ce monologue intérieur qui fige l'instant bienheureux, l'immobilise, l'éternise.

Bernard Chochon, *Mauriac et l'exploration du temps intérieur*,
Cahiers de l'Herne, 1985.

SUR LES SYMBOLES DANS LE RÉCIT

La chasse et l'emprisonnement

Une chasse donc, un encerclement et, par le fait même, un emprisonnement. Déjà, toutes ces variations successives qui faisaient de Thérèse la proie de Bernard, offerte en holocauste sur l'autel de l'égoïsme familial, orientaient le lecteur dans la même direction. Leur but, leur *sens* étaient un but, un sens unique. Dans un tel contexte, « signes » et « figures » avaient même connotation, évoquaient le même univers : celui de la possession déshumanisante, avec ses relents de cruauté et son avant-goût de sang, de mort. La thématique de la prison ne marque, quant à elle, qu'un aboutissement, si l'on peut dire « logique », du processus enclenché par Bernard : pourchasser quelqu'un, l'encercler, soit, mais à quelle fin ? L'emprisonnement tout à la fois physique et moral de Thérèse sera la réponse à cette question. Une prison aux mille facettes, tant il est vrai qu'une fois encore – et sur le mode désormais habituel de la variation – l'imaginaire mauriacien se plie, comme d'instinct, au double procédé rhétorique de la figure et du signe.

Bernard Chochon, *Signes et Figures dans Thérèse Desqueyroux*,
pp. 11-33 in *François Mauriac 4 : Mauriac romancier.*
Textes réunis et présentés par Jacques Monférier.
Paris, Lettres Modernes, 1984,
« La revue des Lettres Modernes » 946-952.

Index thématique

Les références sont données dans l'édition du « livre de poche ».

Plans et sujets de travaux

DISSERTATION

Dans un article de la N.R.F. paru en 1939 (à propos de *La Fin de la nuit* de Mauriac et repris dans *Situations* en 1947, Sartre reproche à Mauriac l'ambiguïté de sa narration :

« Le romancier peut être (...) témoin ou (...) complice (des personnages) mais jamais les deux à la fois. Dehors ou dedans (...), il faut se taire ou tout dire. »

Dans quelle mesure ce jugement vous paraît-il légitime ?

1. La thèse de Sartre : pertinence du réquisitoire

La confusion des instances narratives* fait que le point de vue de l'héroïne ne cesse d'alterner avec les interventions d'un narrateur omniscient. (*cf.* par exemple ch. IX, p. 129, début du ch. II, ch. VIII, XII et XIII).

L'une des conséquences de cette confusion est qu'il n'y a plus de liberté du personnage, comme le remarque Sartre. « En ciselant sa Thérèse *sub specie aeternitatis*, (Mauriac) en fait d'abord une chose, après quoi il rajoute par en-dessous, toute une épaisseur de conscience ». Cette liberté n'est donc qu'un leurre. Mauriac reconnaîtra le bien-fondé des reproches de Sartre et choisira pour *La Pharisienne*, le point de vue limité d'un acteur-témoin.

L'autre conséquence qui en découle est que certaines interventions sont inutiles ou insuffisantes.

2. Nuances à apporter à la thèse de Sartre

Il faut replacer cette critique dans son contexte historique.

Mauriac incarne en 1939, aux yeux de Sartre, le romancier académique, par opposition aux romanciers américains tels que Dos Passos, Hemingway, qu'il juge novateurs.

D'où le caractère polémique de l'article. Sartre reconnaîtra, vingt ans plus tard, dans une interview au *Monde*, que « toutes les méthodes sont des trucages ».

La multiplication des points de vue ne signifie pas l'éclatement. L'omniscience du narrateur qui choisit souvent « le point de vue de Dieu » (Sartre), n'exclut pas une complicité secrète avec l'héroïne, dès lors, les points de vue fusionnent. « En un sens, avouera Mauriac, à son fils (Claude Mauriac, *Le Temps immobile*, tome I, p. 234), Thérèse Desqueyroux, c'est moi. J'y ai mis toute mon exaspération à l'égard d'une famille que je ne supportais plus. »

3. Synthèse

Cf. la Synthèse littéraire et le bilan sur le point de vue.

L'hésitation entre l'approche traditionnelle et le monologue intérieur cher à Gide ou à Larbaud, et la confusion des instances narratives, contribuent à l'épaisseur psychologique du personnage.

Par l'ambiguïté des instances narratives, le récit gagne en profondeur ce qu'il perd, peut-être, en cohérence.

COMMENTAIRE COMPOSÉ

De la page 111 (« La voici au moment »), à la page 113 (« baigné de conscience ») du chapitre VIII.

Passage clé : Maestria de Mauriac qui fait pénétrer le lecteur dans la conscience d'une criminelle. Thérèse n'est ni une ambitieuse assoiffée de pouvoir (Lady Macbeth), ni une maîtresse passionnée (Thérèse Raquin) mais une femme éprise de liberté et qui inconsciemment d'abord, consciemment ensuite, fait du crime un moyen d'émancipation.

1. Une atmosphère effervescente

Alarme générale. Incendie de Mano et sauve-qui-peut général.

L'effervescence et l'inquiétude (« Des hommes entraient... la famille déjeûnait en hâte »), font naître une solidarité soudaine dans un univers habituellement voué à l'égoïsme. Les avis contradictoires (« les uns », « les autres ») soulignent le désarroi général. Pourtant l'incendie extérieur renvoie à un incendie intérieur, bien plus tragique et dont l'enjeu n'est autre que la conscience de Thérèse.

2. Un passage dramatique

Dramatique au sens propre puisqu'il enclenche l'action, dramatique au sens figuré dans la mesure où il amorce le processus tragique.

Prostration de l'héroïne

Ivresse des odeurs (« résine brûlée »), abattement dû à la chaleur (« jour torride »), une chaleur qui exaspère les tensions (*cf.* rencontre avec Azévédo). Chaleur pesante, suffocante. Éblouissement des sens. Conscience anesthésiée.

Incommunicabilité

Bernard a la tête tournée ailleurs (attitude révélatrice) et tient des propos stéréotypés sans attendre de réponse, de la part de Thérèse.

Dégoût de Thérèse (réification de Bernard qui n'est plus qu'une « main velue »).

Indifférence de Thérèse. Triade des adjectifs redondants (« indifférente », « étrangère » et « désintéressée » pris ici au sens propre). Surenchère. Crescendo du drame extérieur au drame intérieur.

3. Une pratique de l'introspection

Descente en soi-même. Personnage en quête de lui-même.

Le passage s'ouvre par une question et se ferme sur une réponse, mais le mystère demeure.

Lucidité de l'héroïne (« regarder »).

Introspection systématique (« point par point ») qui passe par l'examen des faits. Reconnaît le rôle des circonstances, mais absence de complaisance.

Au-delà de la passivité, part de culpabilité que l'héroïne met à jour.

La mauvaise conscience apparaît dans le « sans doute » (« elle s'est tue par paresse, sans doute, par fatigue »). Même acharnement à traquer la mauvaise foi (« Pourtant cette nuit-là »). Acquittée par la justice des hommes, Thérèse met tous ses efforts à se charger elle-même (*cf.* la litanie des conditionnels « elle aurait pu », « il eût été », qui soulignent sa culpabilité). Ainsi la culpabilité de Thérèse ne fait plus de doute (« à demi-baigné de conscience ») mais les motifs de son crime restent encore obscurs. Malgré la rigueur de l'introspection, l'héroïne reste insaisissable et irréductible à toute définition. Plus s'éclairent les circonstances extérieures, et plus s'épaississent les ténèbres de la conscience.

Conclusion

Genèse d'un crime né du hasard, alimenté par la haine. Clair-obscur des consciences, *sfumato* de l'âme. Impénétrable à son entourage, Thérèse l'est avant tout à elle-même.

SUJETS D'ORAL

1. Nature et symboles dans *Thérèse Desqueyroux*.
   Cf. commentaire des chapitres I, III, VI, IX

2. La province dans *Thérèse Desqueyroux*.
   Cf. commentaire des chapitres I, III, IV, VI, VII, X, XII

3. De la solitude à la séquestration : le thème de l'incommunicabilité.
   Cf. commentaire des chapitres I, II, III, IV, VI, VIII, IX, XI, XII, XIII

4. Portrait d'une criminelle : le bovarysme de Thérèse.
   Cf. commentaire des chapitres IV, VI, VII, VIII, IX, XI.

5. Techniques narratives (narration objective et monologue intérieur, anticipations et retours en arrière).
   Cf. commentaire des chapitres I à XIII, où les points de vue de l'écrivain et de l'héroïne ne cessent de se superposer.

Bibliographie essentielle

LES ÉDITIONS DE THÉRÈSE DESQUEYROUX

Édition savante, *La Pléiade*, « Oeuvres romanesques et théâtrales complètes », Gallimard, 1979-1985 ; Introduction et notes de Jacques Petit.
Édition courante dans la collection « Le livre de poche ».

BIOGRAPHIES DE MAURIAC

Jean LACOUTURE, *François Mauriac*, Seuil 1980.
Claude MAURIAC, *Le Temps immobile*, Grasset 1975-1985.
François MAURIAC, *Mémoires intérieurs*, Flammarion 1959.
François MAURIAC, *Nouveaux Mémoires intérieurs*, Flammarion 1965.

ÉTUDES GÉNÉRALES SUR MAURIAC

Pierre-Henri SIMON, *Mauriac par lui-même*, Seuil 1974.
Michel SUFFRAN, *François Mauriac*, Seghers 1973.
Jean TOUZOT, *La Planète Mauriac*, Klincksieck 1985.
Numéro 4 de la Revue des Lettres modernes intitulé *François Mauriac, romancier*, Minard, Paris 1984.
Cahiers de l'Herne, *François Mauriac*, Paris 1985.

SUR THÉRÈSE DESQUEYROUX

Maurice MAUCUER, *Thérèse Desqueyroux*, Hatier 1986, Collection Profil d'une œuvre.

FILMOGRAPHIE

Film de Georges FRANJU, *Thérèse Desqueyroux*. Scénario écrit par François Mauriac, en collaboration avec son fils Claude. Avec Emmanuelle Riva et Philippe Noiret, 1962.

Édition : Marie-Hélène Christensen
Fabrication : Jacques Lannoy
Composition et mise en page : ENVERGURE

Imprimé en France par l'imprimerie Hérissey à Évreux (Eure)
N° d'éditeur : 10119781
Dépôt légal : janvier 2005 - N° d'imprimeur : 98132

Imprimé en France par Pollina à Luçon - n° d'impression 84012
Dépôt légal : Janvier 2005 - N° d'imprimeur : 84012